最高の快感に達する「スローセックス」の教科書

アダム徳永

三笠書房

はじめに

◎愛する女性を「官能の世界」へ導く本

セックスが上手い男と、そうではない男を決定的に分けるポイントがあります。

それは、「愛撫《あいぶ》」のやり方です。


「強い刺激で、女性は気持ちよくなる」と思い込み、最初から激しい愛撫をする人。

「淡い快感をしゅくしゅくと与え続けることが、そのあとの大きな官能につながる」ことがわかっていて、終始やさしく、いたわるように女性に触れる人。


この違いは、セックスで「最高の快感」に達するかどうかの決め手になります。

どちらのほうが気持ちよく、より大きなオーガズムを迎えられるかは明白。後者のように、女性の性メカニズムに則《のっと》って愛撫する——これが、身をよじらせるくらいに深く官能させ、女性に「もう一度したい！」と願わせるようなセックスの秘訣なのです。

「セックスの一番の醍醐味《だいごみ》は射精にある」「女性は交接の摩擦によって快感を得られる」と考えている人は多いでしょう。ただ、それでは本当の官能の世界を相手に見せてあげることはできません。

そうした誤解を解き、本当の「セックスの愉しみ」を紹介するのが本書の役目です。

読者の中には、「スローセックス」という言葉を初めて聞く方もいるかもしれません。詳しくは本文に譲りますが、ここで少しだけ説明しておきましょう。

私はこれまで、一〇〇〇人を超える女性たちと〝本音で評価するセックス〟を重ね、セックスを真正面から研究。その中で、「超ソフトで、たゆたうような愛撫を重ねると、真の官能が得られる」ことを発見しました。

そして、研究の過程で積み重ねてきた、その〝コツ〟のようなものを、誰でも、簡単にできる形に体系化したのが「スローセックス」です。

テクニックのほとんどは、「女性本位」、つまり「女性がどうしたら官能することができるか」が出発点です。たとえば、

「乳房は揉《も》みしだくのではなく、そっと触れる」
「クリトリスを愛撫するときは、きちんと皮を剥《む》いて、ソフトなタッチ圧で」
「挿入するときは、正常位から始めない」

など、本当にちょっとしたことです。しかし、どれも簡単にできることですが、知っていなければ誰もやってみたりはしないでしょう。これは非常にもったいないことです。

従来のセックスで女性がイッたときの気持ちよさが「近所の公園の小山に登って、周りの風景を見回したときの気持ちよさ」くらいだとしたら、スローセックスで得られる快感のレベルは「富士山の頂上から眺めた絶景」――これくらいの差があります。

そんな〝別世界〟に行くのは、決して難しいことではありません。

必要なのは、いくつかの〝シンプルなテクニック〟と、少しの〝正しい性知識〟だけ。本書では、その具体的な実践法のすべてを公開しています。

女性は「セックスが上手い男」を愛します。逆に、いい男とは「女としての悦びを教えられる者」のこと。こう言うまでもなく、セックスには〝生殖〟以外にも、自分の人生や愛する人との関係において、重要な意義があることに疑いの余地はありません。

ところが、現代日本のセックス事情はどうか――セックスに関する本音をヒアリングした女性の**八割近くが、日常的に〝イッたふり〟をしている**と答えているような状況です。

その原因の一つは、これまで日本に正しいセックスの指南書がなかったことです。本書を執筆した理由もそこにあります。

どうぞ、この本をあなたの教科書にしてください。

これから、今まで当然だと思われてきたセックス観を修正しながら、女性を最高に官能させられる、スローセックスのテクニックを紹介していきます。

読み終わったら、是非ご自分でもトライしてみてください。「本当の官能の世界に入っていく女性」を見たとき、心の底から満たされている自分を発見できるはずです。

アダム徳永

本書の効果をより高める方法

本論に入る前に、みなさんと交《か》わしたい「約束」があります。

それは私を、ここで改めて〝セックスのコーチ〟として選び、この本の最後のページまでついてきていただきたいということです。

本書では私が持っているノウハウを出し惜しみせずに公開します。しかし、それらは、これまで流布《るふ》されてきた誤った性の〝常識〟にはことごとく反しているので、驚かれることがあるかもしれません。それでも本書に書かれてあることを信じて、実践し、「愛する女性の官能を引き出せる男」「女性から『もう離れたくない』と思われる男」になっていただきたいのです。

何かを身につけようというとき、「指導者選び」はその結果を大きく左右する重要課題です。大事な約束を交わすことをみなさんに迫る前に、私からスローセックスの「信頼性」と「効果」についてプレゼンテーションさせてください。

◆このノウハウは〝本物〟か

「私とセックスをした女性はほぼ全員が、あまりの気持ちよさに絶叫しながら官能してくれる」という、まぎれもない事実があります。

その中には、「今までかなりの人数の男とセックスをしたけど、実は一度もイッたことがない」という女性もいれば、「主人にどこをどう触られても感じません」と悩んでいた方、さらには著名な女優さんまでいらっしゃいます。

私はこれまで、〝愛と性〟の具体的な幸福を追求するべく、研究のために多くの女性とセックスを繰り返してきました。そして、相手の女性一人ひとりに「クンニを始めたとたん、カラダをしならせてイッたとき、私の舌先はどんな感じでしたか?」とか、「三つの絶叫スポットのうち、どの順番で、どんな風に感じましたか?」など、体験した女性に聞かなければわからない実感、心の動きをその場で質問したり、後日、率直なレポートを書いてもらったりしてきました。

そうやって**〝実践と検証〟を繰り返しながら体系化したのが、これから紹介する〝スローセックス〟**なのです。

ごくまれにいらっしゃる真性不感症や重度の心因性不感症の方をのぞいて、ほぼすべての女性に、それまでの人生で一度も味わったことのないような快感を実感してもらっています。

しかし、私は決して、いわゆる〝性豪〟ではありません。

私自身は、どこにでもいるただのオヤジです。

その証拠に、スローセックスの理論や技術を体系化させる以前の私は、ベッドの上で間違ったテクニックをさく裂させたあげく、相手の女性にきつい目つきをされ、ののしられたことだってあります。しかし、そんな失敗を繰り返しつつ、ようやく体系化させてからは、状況は一変しました。

私ではなく、スローセックスという〝ノウハウ〟がすごいのです。

◆誰でも実践して効果があるのか

「スローセックス」が単なるブームで終わらず、あらゆる世代の人から支持され、実践した本人から「うれしい報告」が来るのは、テクニックが確実に伝えられ、実際に効果があった証かもしれません。効果のないノウハウは、流行の終わりを待たずに、世の中から忘れ去られるものです。

スローセックスは、こうした研究の上に成り立ち、確固とした成果を上げている方法論です。本書を読むわずか一時間くらいで、「本当のセックス」が理解できるはずです。

私をあなたのセックスのコーチとして認めていただけたら、さっそくですが、具体的な解説に入る前に一つお願いがあります。

今までに身につけてきたセックステクニックや、一生懸命吸収してきた性の知識を、今この場で、洗いざらい捨ててください。

その代わりに、バラ色の未来をお約束します。

もくじ

1章 「すごくよかった……」と言われるセックス

――テクニック以前の「快感」の新常識

2章

デキる男は〝愛撫に始まり、愛撫に終わる〟

——〝イク〟より気持ちいい「本当の愉しみ」とは？

3章

相手を絶叫させたことがありますか？

――「未体験のオーガズム」を引き出す技術

4章

「男としての能力」を100％引き出す！

――「早漏克服」簡単トレーニング

5章

〝最高！〟まで達するスローセックスの極意

――二人で「感度を高め合う」一番いい方法

本文図版・イラスト――株式会社ファクトリー・ウォーター

1章

「すごくよかった……」と言われるセックス

――テクニック以前の「快感」の新常識

☑「力を抜く」だけで、セックスは断然よくなる！

「相手が激しく身もだえするくらい、もっともっと感じさせたい」

「彼女に〝もう手放したくない〟と思われるような男になれれば――」

「今まで体験したことのないような興奮と快感で、二人の絆《きずな》をもっと強く」

あるいは、

「妻とのセックスのマンネリ化をどうにかしたい」

「体力が落ちて、前のように激しく〝男らしい〟セックスができない」

――すべて、本書の「スローセックス」テクニックで実現・解決できることです。

セックスは誰かに教えてもらえるものではありません。だから往々にして、女性の性メカニズムを無視した自己流セックスに陥《おちい》る。また、現実はそうではないと思いつつ、唯一、他人のセックスが見られるアダルト・ビデオ（ＡＶ）を参考にしてしまう。

その結果がよくなかったとしても、肩を落とす必要はありません。なにしろ、その物足りない結果は「あなた（のカラダ）」のせいではなく、本当のセックスの方法が書いてある〝教科書〟がなかっただけなのですから。

まずは、今までに仕入れた誤情報をすべて捨ててください。

本項の冒頭にあるような願望を叶《かな》えようと、たいていの人は、「もっと激しく」「さらに過激に」しようと、「めまぐるしい体位変更」に挑戦したり、相手の〝ツボ〟だと一方的に思いこんだ部分をしつこく攻め続けたり……。

「強く、激しく」のセックスではなく、スローセックスは**「淡い力でしゅくしゅくと感度を上げていくセックス」**。「強い刺激」や「激しい動き」はここぞというときまで不要。「イカせる」のを目指さない。「摩擦」が一番気持ちいいわけではありません。「濡れたら即挿入」もやめてください。その先に、経験したことのないような快感があるのです。

肩の力を抜いてみる――そのほうが自分にとっても、女性にとっても、最高の結果が待っています。

本章で、これまでの〝間違った常識〟を捨てるお手伝いをしましょう。

☑「突き上げるような快感」を知っているか

お互いがカラダの芯から〝最高の快感〟に達する。

心が幸福感で満たされ、**女性が自然と「またしたい！」と思ってしまう。**

現代人のセックスは、そんな感動を得るには、あまりに短絡的すぎます。

「キスしてオッパイ揉《も》んで乳首吸って、クリトリスをいじって挿入したらイク」

文字にしたら、一行足らずで終わってしまう。動物の生殖本能に毛の生《は》えた程度の単なる〝射精行動〟――このような、動物がする交尾のようなものを誰も〝セックス〟とは呼びません。

オスのDNAに刻まれた〝射精という一瞬の快楽〟だけを求め、セックスで得られるその他の大きな悦《よろこ》びと快感を、道ばたのドブに投げ捨てている状態。悲しいことに、それが現代人の「フツー」のセックスの実態です。

もちろん健康な男性なら、グラマーな女性が歩いていれば、オッパイを見てみたいなあなどと思うのは自然なこと。私だってそうです。できれば何かの偶然で、そんな女性と親しくなりたい。あわよくば一緒にベッドに入ってみたい。倫理的な問題は別として、男性の性欲から生まれるこうした衝動はごくまっとうです。

恋人や奥様がいない男性であればなおのこと、その願望は切実でしょう。女性を口説き落とすために、服装に気をつかい、レストランでディナーを奮発し、中には「女性を落とすテクニック」といった恋愛指南書を熟読している男性もいると思います。

それらの努力を、男性の「セックスがしたい」という〝性欲〟が支えていることを、私はまったく否定しません。むしろ拍手を贈るべき、すばらしい原動力です。

問題はそのあとです。

涙ぐましい努力の結果、ついに〝セックス〟ができるときがきました。さあ、念願が叶う瞬間です。どうぞ二時間でも三時間でも、一日中でも、思いっきり堪能《たんのう》してください——そんなとき、みなさんならどんなセックスをするでしょうか。

短絡的で行き当たりばったりの〝射精行動〟では、男性も女性もセックスの本当の醍醐味《だいごみ》を知らずに一生を終えることになってしまいます。

「官能して絶叫する女性」ほど美しいものはない

スローセックスの特徴をひと言で表現すれば、〝イク・イカない〟にとらわれず、〝どれだけ気持ちいいか〟にこだわるセックスです。

といっても、〝イク＝気持ちいい〟と思っている人にはピンとこないかもしれません。このような「知識」がないための誤解を解くのも、本書の目的の一つです。

ここでもう一つ、気持ちのいいセックスにまつわる、意外な事実を紹介しておきましょう。

「射精にこだわってはいけない」——これも非常に大切なことです。その理由はあとで詳しく紹介しますが、これは女性にだけメリットがあるわけではありません。

本気で官能する女性の姿を目の当《ま》たりにできる。女性からの愛撫《あいぶ》もたくさん受けられる。すればするほどに発見があり、決して飽きることがない。スローセックスは、男性にとっても〝うれしいことづくし〟なのです。

まずみなさんにお伝えしたいのは、この地球上に、スローセックスによって**本気で官能しているときの女性ほど美しく、男性の性欲を満たしてくれるものはない**ということ。

それは、「イッちゃう〜」なんて可愛らしいものではなく、オーガズムであれば、カラダを海老《えび》反《ぞ》りにさせたかと思うと、ガクガクッと痙攣《けいれん》して、「アギャーー！」などと、お世辞にも可愛らしいとは言えない野獣の雄《お》たけびをあげながら果てるような官能のことです。

乳房へのジラしに反抗するように、ツンと上を向いて勃起《ぼっき》した乳首を、人差し指の腹でぷにゅっとつぶしたときに出る、腰が抜けたかのようなあえぎ声。騎乗位ともなれば、「自分で腰を振ってごらん」とそそのかしたときは「いやん」などと恥じらっておきながら、その一分後には自分だけの官能の世界に没頭してしまう。

そして、果てたあとの、あの陽《ひ》だまりのように温かな笑顔……。本物の女性美は、どんな男性をもトリコにしてしまうのです。

☑「やさしく撫《な》でられる」と積極的になる女の秘密

セックスをしたいのは、もちろん男性ばかりではありません。女性もそうです。ただ、男性は〝興奮して射精するため〟にセックスをするのに対し、女性は〝幸せになるため〟にセックスをします。

生殖の見地から言えば、男性は女性の体内に精子を残すことが目的ですが、女性がそれを受け取るのは、子どもを産み、育てることで、幸福を得ようとするからです。これは生殖をともなわないセックスでも同じこと。女性にとってセックスとは、幸せになるための手段であって、目的ではありません。この〝目に見えない性差〟を理解すれば、本書で紹介する「女性が満足する」「お互いに快感を得られる」ノウハウにも納得がいくことになります。

挿入してイクためだけに、平均二〇分足らずで終わらせる——私が〝**ジャンクセッ**

クス〞と呼ぶこのようなお粗末なセックスでは、女性は「セックスでは幸せになれないんだ」と落胆し、パワフルでみずみずしい性欲を封印してしまいます。まして、相手に何かをしてあげたいとは思いませんし、カレを感じさせたい、夫を快感で悶《もだ》えさせたいとも思わないでしょう。逆に、女性を心身ともに満足させられる男性は、本当に官能した女性だけが放つ、究極の**〝美と快感の大どんでん返し〞**を知ることになります。そのために一番有効なのは、全身を愛撫すること。

以前、日本舞踊《ぶよう》の師範を両親に持つという、二〇代後半の女性と一夜をともにしたことがあります。薄めの青地に花柄をあしらった大島紬《つむぎ》のよく似合う、良家のお嬢様です。そんな方が私の目の前で、知性のカケラもないような卑猥《ひわい》な言葉を連呼しつつ、エロティックに舞い踊り、美しき別人格へ変身したのです。

体内の官能装置を発動させた女性はもう、いやらしさなどをはるかに超越した究極の官能美。その領域では、女性のほうから〝性への積極性〞を見せてくれます。

正しい知識と技術で女性を愛撫すれば、究極の〝美と快感の大どんでん返し〞が待っています。そして、そんな**女性の全身に散らばる、すばらしい性感帯のすべてを愛撫できるのは、我々男性だけ**なのです。

☑ 女の悦びを教えられる者が「最高の男」

女性は「愛されるために、この世に生まれてきた生命体」です。

ちょっとカッコつけすぎかもしれませんが、この言葉を理解して実践できる男は、そうでない男とは別の生き物と言っても過言ではありません。

水のない場所で魚が生きていけないように、女性もまた、愛のない場所では生きてはいけない存在です。恋愛、母性愛、友愛、人類愛、さまざまな愛に囲まれながら、幸せになっていく宿命をもっています。

その中でも大きな柱となる愛が、「女として生まれてきた悦びを全身で実感できる男女間の愛」です。だから〝愛されたい生命体〟である女性たちは、身も心も二人の愛にゆだねることを望みます。ただ、この**〝愛〟を過信しすぎてもいけません。**

〝愛〟は二人のセックスを育《はぐく》む上で欠かせませんが、だからといって〝愛があれば気持ちいいセックスができる〟ことにはならないのです。

男性よりも愛情に敏感な女性は、「愛が先かセックスが先か？」「そのセックスに愛はあるのか？」といった議論をよくするようですが、そのように愛を重視しすぎてしまった結果、男性に「愛があるから、それだけでいいセックスができる」とカン違いさせているケースも多く見受けられます。

このカン違いはときに大きな悲劇を生みます。たとえば、「愛し合っているのに、気持ちよくないセックス」という事態に遭遇したとき、女性が重視している〝愛〟が大きな足かせとなってしまうのです。「カレは本当に私のことを愛しているのだろうか」「私の愛が足りないから、カラダが感じないのかもしれない」と、気持ちよくなれない原因を二人の愛の内に探そうとするのです。

気持ちよくなれない原因は、**セックスの正しい知識**がないことと、**男性の技術不足**が原因です。二人の愛がどうこうという問題ではありません。

男性はとくに、愛のあるなしと、セックスの良し悪しを混同してはいけません。女性が手放したくない男とは、愛があるのは当然ながら、「女としての悦びを教えてくれる男」のことです。これからあなたを、そんな〝最高の男〟にしていきましょう。

〝AV＝ファンタジー作品〟をマネするな

アダルトビデオ（ＡＶ）で観たことを、自分でも実践してみたい——そう思う男性も多いでしょう。

近年のＡＶでは〝ハードプレイ〟ジャンルが圧倒的に支持されているようで、レイプ作品や痴漢モノだけにしぼっても、その年間制作数は数千本に及びます。

マスターベーションのオカズとして、ＡＶを鑑賞することは決して悪いことではありません。妄想《もうそう》は、豊かな感性や人格を形成するために欠かせないエンターテイメントです。しかし、ＡＶの世界を現実のセックスにリンクさせようと思った瞬間、お相手の女性は苦しみを味わうことになります。セックスにおいて、これほど愚かなカン違いはありません。

「感じるわけないですよ！　こないだなんて、無理やり潮《しお》を吹かされそうになって、アソコが傷ついちゃって……一週間も激痛に泣かされたんですから」

たまたま雑誌の取材でご一緒した、AVの人気女優のコメントです。AV女優ほど、カラダを張った過酷な職業はないでしょう。口から炎が出るような激辛料理を食べながら、「甘くて、おいしいです」と笑顔で言わされるようなものですから。

AVは、一〇〇%のファンタジー作品です。AV制作会社が作品を出す理由は、ただ一つ。お金を儲けるためです。それ以上でも以下でもありません。荒々しい愛撫が痛くて女優が流した涙はカットされ、あとで撮影した〝感じまくっているイメージ映像〟に差し替えられます。

AVを観る人は、制作の過程に巧妙な編集作業があることを忘れてはいけません。そこには「自分がつくったAVを観て、同じことをする男性がいたら大変なことになる」といった倫理観は一ミリもありません。演出が行き過ぎて、そのAV女優が精神・肉体ともにボロボロになったとしても、彼女の代わりはいくらでもいると考えています。制作する者にとって関心があるのは、その作品が〝売れるか、売れないか〟だけ。

きついことを言うようですが、これがまぎれもない現実なのです。

男の誤解——乳房は、揉みしだかれても「痛いだけです」

「セックスなんて人から教わるものじゃない」

「俺は自分だけのやり方で、今まで何人もの女をヒーヒー言わせてきた」

そう豪語する男性に限って、ＡＶというファンタジー作品を鵜呑《うの》みにして、そこで観たテクニックを真顔で実践しているものです。

以前、銀座の高級クラブで働く三〇代後半の女性と食事をしました。その席で彼女は今まで経験してきたセックスについて話し始めたのですが、その内容はひどいもの。キスもそこそこに、乳房をワシづかみにして力まかせに揉みしだくのはマシなほう。いきなり指を膣《ちつ》の中にズボッと差し入れ、ドリルのようにねじ込んで掻《か》きだす。バック（後背位）では乱暴な言葉を吐きながら、手でお尻をパンパン叩く。あげくの果ては、当然のように顔射してくるなどなど。

「もうかなりの人数の男性と関係を結びましたが、どの男性もみんなやることは一緒。痛いばかりで、気持ちよくないセックス。普段はとても紳士的で立派な方ばかりなのに、セックスとなるとまるで何もわかっていないんです」と言います。

次項で説明しますが、**乳房をいくら揉んでも女性は痛いだけで感じません。**また、膣の中を愛撫するのは、女性の性感脳（52ページ）をしっかり開いてからが大前提。さらに男性の中には少なからず、バックのときに、突然ドスの効いた声を張り上げながら、馬に鞭《むち》でも振るようにお尻をパンパン叩く人がいますが、多くの女性たちがこれに対して何と言っているかご存じでしょうか。「しらける」。そのひと言です。

このようなセックスを、一体誰から教わったのでしょうか。こんなセックスを「自己流だ」なんて言わせません。

すべてAVのマネごとです。そしてこれが男女のセックスを「男性の性欲処理と、その道具としての女性」におとしめている大きな原因であることに、私は一切の反論を受け付けません。

AV男優のパフォーマンスを自分のセックスの参考にしたことがあるという男性は、今すぐここで、懺悔《ざんげ》してください。

乳房を「優秀な性感帯」に変える方法

辛口の内容が続いたところで、一つ、スローセックスの具体的な理論とテクニックをご紹介しましょう。

裸の女性を目の前にすると、ついオッパイをワシワシと揉みしだいてしまう男性が多くいます。ただ、**女性もオッパイを揉まれることで確かに興奮はしますが、そこに快感はありません。**

女性を感じさせるには、性感帯を愛撫することが大事です。性感帯とは、つまりは神経ですが、乳房のふくらみを形成している脂肪の中に快感を感じる神経はありません。自分のほっぺたを指でつまんでみてください。力いっぱいつまんだら、そのままグリグリと揉んでみましょう。どうですか？　気持ちいいですか？

当然、痛いばかりで気持ちいいわけがありません。形が崩れるほどオッパイを強く揉まれている女性は、この何倍もの痛みと戦っていることを肝に銘じてください。

脂肪を揉んでも快感にはなりません。ところが、乳房でも神経が広がっている〝表面〟をアダムタッチしていけば、たちまち優秀な〝性感帯〟にすることができます。スローセックスの基本技〝アダムタッチ〟については後述しますが、五本の指先を使って皮膚に触れるか触れないかくらいで行なう、超ソフトな愛撫テクニックです。

アダムタッチで**乳房の外側から渦巻き状の軌道を描きつつ、少しずつ円の中心へと近づいていきます。乳輪にたどりつくまでに三周はしてください。**乳輪近くまで来たら、人差し指と中指の二本で〝乳輪だけ〟（乳首には触れない）をクルクルと愛撫します。そしてまた外周へと戻り、乳輪までを繰り返す。これを三回は続けましょう。

女性の頭の中は、乳首を触ってもらいたいという欲望でパンパンになります。でもたとえ、「お願い、触って」と懇願《こんがん》されても、あわよくば乳首に触れないかと胸を揺らしてきても、ジラしが完了するまでは、一瞬たりとも触れてはいけません。

頭がおかしくなってしまうほど徹底的にジラしたら、満を持しての乳首愛撫。でも、まだ先端に〝ちょん〟とごく軽く触れるだけです。たったこれだけで、美しい女性のよがり声を聞くことができるはずです。

☑ 女性のカラダは鍋料理——〝弱火〟でじっくり煮込む

パートナーの女性に真の官能を与えたいと思ったら、目先の結果に惑わされない、大局的な〝戦略〟が必要になります。

一般的に男性は、一つひとつの愛撫に対する女性の反応を気にし過ぎです。乳首をちょっと触っては、あえいでいるかを気にかけ、小陰唇《しょういんしん》（膣口両脇のヒダ状の薄い肉びら）をサワサワしては感じているかを心配する。思ったほど反応がないと不安になり、より高感度な性感帯であるクリトリスの愛撫にすぐ切り替えてしまう。

大きな成果を得ようと思ったら、小さなことには目をつむる潔《いさぎよ》さも必要です。相手の女性としても、あなたが繰り出す愛撫の一つひとつに大きな反応を期待されていることを知ったら、それがプレッシャーとなり、快感に集中することができなくなってしまいます。

また、**セックスの早い段階であせって強烈な刺激を与えても、女性のカラダはそのすべてを快感として受け入れることはできません。**むしろ、ほとんど準備ができていない時点で、いきなりクリトリスを愛撫されても、その強烈な刺激が脳へと伝わったとき、快感に転化されるどころか、〝危険な刺激〟として認識され、恐怖を感じてしまうくらいです。

やさしい愛撫をしているときは、反応が少ないからといって心配することはありません。女性のカラダは〝鍋料理〟と思ってください。コトコトコトコトじっくり煮込んでこそ、おいしい料理になるのです。

アダムタッチを開始した時点で女性から「あぁぁーん！」なんてあえぎ声が出なくても、中はしっかりと温められ始めています。そこで無理に箸《はし》を突っ込んではいけません。辛抱強く、じっくりと温めましょう。するといずれ、スープの表面にぷっくりとした泡が立ちあがり、コトコトと音をたてて煮えてきます。

何ごとにおいてもそうですが、セックスも総合力で勝負がつきます。

急いで結果は求めずに、野球チームの監督にでもなった気分で、試合全体を冷静に見渡し、広い視野をもって、戦略を見極めてください。

クリトリス「三〇分のジラし」で感度は最高に

セックスにおける戦略とは、言い替えると、女性を愛撫する「順序」「範囲」「バリエーション」を考えるということです。

たとえばクリトリス。ここがもっとも高感度な性感帯の一つであることは、みなさんもご存じの通り。ですから多くの男性は、セックスが始まるとすぐにクリトリスめがけて突進していくわけです。

しかし、これでは女性のカラダを攻略する戦略が、まるきり欠落していると言わざるを得ません。

私の場合、**キスをしてからクリトリスを愛撫するまで、最低でも三〇分以上はかけています。**

髪の毛からつま先までアダムタッチをしながら、時折、スクラッチ（ひっ搔《か》くような愛撫）やバイト（甘噛み）などのスパイスを効かせます。首すじやお尻への舐《な》め上げも欠かせません。そして、ジラしにジラしたあとの乳首愛撫。そうやって全身の隅々の性感帯に、いろいろな快感をじわりじわりと与えたあと、その総仕上げとして、最後の最後にクリトリスを愛撫するのです。

ディープキスをしながら同時進行で、もはやあられもなく充血した左右の小陰唇のすき間に中指を挟み、ゆっくりと上下させます。最初はクリトリスには絶対に触れません。すき間から熱い愛液が溢《あふ》れ、中指を濡らすころ、女性はもうクリトリスを触ってほしくてたまらなくなっているはずです。

全身を愛撫したあと、さらに相手が懇願するまでジラす。

すると、女性はどうなると思いますか？　小さな小さなクリトリスにピトッと舌を置いただけで絶叫することも、まったくめずらしくはありません。

クリトリスは全身の性感帯の感度を全開にしてはじめて、そのポテンシャルを引き出せるスポットです。そうした段階をきちんと経て愛撫に移ったあとの〝イク〟は、同じ〝イク〟でも、その快感はケタ違いになります。

戦略もなしに、底辺レベルの快感でイカせるだけなら、サルにでもできるのです。

☑ 女性の本音——「スポーツみたいなセックスは疲れる」

スローセックスは、「気持ちいい」の総量を限界まで高めるセックスです。カラダの中に〝コップ〟があるとしたら、そこに少しずつ快感を注《そそ》いでいく。その過程を愉しむのです。もちろんなみなみと快感を溜《た》めて、限界ギリギリのところで女性をイカせることもできます。しかし、あくまで〝イク〟のは「目的」ではなく、感じ合うことを愉しんだ二人への「ご褒美《ほうび》」。しゃかりきになる必要はありません。

「二時間も続ける体力はないから無理だ」という方もいますが、それは誤解です。二〇分で終わるジャンクセックスのほうが疲れます。力強い愛撫、激しいピストン運動。その努力に対する女性の本音は「スポーツみたいで疲れる」のひと言。

これに対しスローセックスは、体力勝負のセックスではありません。

アダムタッチによる愛撫に特別な体力は不要。また、長時間交接といっても、いつも腰を振っているわけではないのです。たゆたうような快感に身をゆだねながら、会話を愉しんだり、キスを愉しんだり、膣内の新たなスポットを突いて反応を愉しんでいるうちに、気がついたら一時間以上、交接をしていた——となり、結果的に長時間になるというだけです。

また、こんな誤解もあります。「スローセックスにしたいけど、仕事も忙しいし、毎回何時間もかけていられない」というものです。そんなことはありません。

豊かなセックスとは、バリエーションの豊かさのことです。相手の女性の性感脳を開いてからなら、合意さえ得られれば、たまには〝いきなり挿入〟なんて変化球もありです。私もプライベートでは「今日はクンニリングス（口を使っての女性器愛撫、クンニ）だけ」なんて日もあります。あくまで変化球ですが。

スローセックスでも、始めてすぐに〝大絶叫をともなう本当の官能〟には至るわけではありません。しかし、男性が正しい愛撫テクニックを毎回施すことによって、初めはコップだった女性の〝快感の容器〟がバケツに、バケツからドラム缶へと成長していくでしょう。**二人で快感を高め合っていけるのが、スローセックス**なのです。

☑「強いカラダ」より、こんな「知性」に女は感じる

女性を官能させるセックスをするには、体力に並び、テクニックや持続力が必要だという話を聞いたことがあると思います。しかし、私がここではっきりとさせておきたいのは、女性と「気持ちいいセックス」をするために、男性に必要なものとは、まず第一に「知性」であるということです。

たとえば、元気のない同僚が心配だからといって、「大丈夫か？」とばかり聞いても、それで相手が元気になるわけではないですよね？　そんなときに必要なのは、**相手の状態を観察し、想像し、理解して、気を配る**などした上で、適切な対応（声をかけたり）をすること。言ってみれば、これが「知性」です。

たとえば子どもにはそんな能力はありません。お母さんが泣いているけれど、ただ足をぶつけただけなのか、はたまたお父さんとのケンカが原因なのか、そんなことは

わかりません。だからその悲しみの原因を取り除いて、違う喜びを与えることもできない。これが許されるのは、まだ子どもだからです。

セックスなんて男と女の本能のままにすればいいんだ。小難しい理屈や知識なんて必要ない。そう思っている男性がいたら、その人は子どもと一緒です。

会社の同僚、親戚付き合いなどでも、知性のない相手とは誰でも、いずれ距離を置きます。知識も気配りもない相手との会話は「気持ちよくない」からです。

ましてや、セックスは人間同士のもっとも濃密なコミュニケーションですから、そういった男性とのセックスは、女性にとって「気持ちよくない」どころか「苦痛」であり「暴力的な行為」以外の何ものでもないのです。当然、どんなに屈強《くっきょう》な肉体を持っていても、高度なテクニックや持続力があったとしても、女性を官能させることなど永遠にできません。

それでも、もし女性が非難の声をあげていないとしたら、それは相手への「愛」のせいです。痛くてつらいけど、「好きだから抱き合う」という思いを大切にしたい一心で、口を真一文字に結んで耐えているのです。

早急に、本書にある「知性」を学び、実践することが必要な所以《ゆえん》です。

こんな男なら〝朝まで愛撫してあげたくなる〟

すべての女性は、「セックスのとき相手を攻めたい」という本能を持っています。

しかし残念ながら、積極的になることに恥じらいを感じ、その自然な欲求を抑えてしまうことが多いのです。スローセックスは、そのような〝不要な恥じらい〟をなくしてくれます。

なぜなら、〝女としての本当の悦び〟、イクなどというレベルをはるかに超えた〝**最高のオーガズム**〟**を経験した女性たちは、そこで初めて女性としてのすばらしい性欲を全開にし、愛《いと》しい男性を愛撫する愉しみに目覚める**からです。

〝射精至上主義〟のジャンクセックスとスローセックスとでは、得られる快感、悦び、愉しみ、エネルギー、愛情、それらすべてに大きな差があります。

「私のカレは、そこまでヒドくない。挿入する前にクリトリスでちゃんとイカせてくれるから、満足している」と、イカせてくれるだけで合格点をあげる慎《つつ》ましい女性もいますが、これは恋人とのセックスの頂点が、〝イケて、スッキリ〟程度の高さでしかないと思っている、またはあきらめているからです。〝富士山の頂上〟から絶景を眺められる可能性があるのに、〝公園の小山〟に登り、普段と何ら変わらない風景を見て、「まあ、こんなもんかな」と思っているようなものです。

その証拠に、このレベルで合格点を与えている女性で、一心不乱に腰を振り乱しカラダをしならせ、一滴の快感さえも逃すまいと夢中になっている女性はいません。大好きなカレのペニスが可愛くてしかたがなくて、舐めたりさすったり、頰《ほお》にすり寄せたりして愛撫してくれる女性もいないでしょう。

本当のオーガズムを知ってはじめて、自分からも「二人のセックス」をつくり上げようと積極的になることができる。「気持ち悪くてペニスを触れない」と嘆《なげ》いていた女性たちが、相手の男性がスローセックスをマスターした途端、「夫のカラダを開発したくて、愛撫用のマッサージオイルを買ってしまいました！」と、うれしい報告をしてくれるくらいの変化があるのです。そして、そのような女性をパートナーに持つことは、男にとっても大きな悦びになるはずです。

2章

デキる男は〝愛撫に始まり、愛撫に終わる〟

——〝イク〟より気持ちいい「本当の愉しみ」とは？

上手い男は「皮膚」ではなく「脳」を愛撫する

「俺の彼女は最高に感度のいい女で、俺のテクに絶叫しまくる」といった自慢話や、「私の妻は感度が悪くて、あまり盛り上がらない……」という悩みをよく耳にします。

また、男性が理想とする女性のタイプとしてよくあげられるのは「感度のいい人」。打てば響くように反応がある女性がいいというわけです。

しかし、私からすればこのような考えは、女性のこともセックスのことも、まるで知らないド素人《しろうと》の発想であると言わざるを得ません。

あなたは女性を愛撫している最中、どんなことを考えているでしょうか。乳首を吸いながら、クリトリスを触りながら、何を見ているでしょうか。

私が女性を愛撫しながら考えているのは、その人の「脳」の状態です。見ているのはその脳の状態を知らせてくれる、ささいな表情や息づかいです。

ごくごく当然のことですが、**感じたり、イッたりするのは皮膚ではなくて「脳」です。言ってみればセックスをする目的は「相手の脳を愛撫すること」にある。決して皮膚を愛撫することではない**のです。

皮膚の触覚の感度は、多少の個人差はあってもほとんど同じ。「感度がいい女」も「感度が悪い女」もありません。感じるかどうかの違いとは、女性の「感じるための脳」が成熟しているか、男性が行なう愛撫が的確かどうかの差なのです。

クリトリスを愛撫しているときに、クリトリスのことばかり考えていても、セックスはうまくなりません。乳首やクリトリスなどの性感帯は、真のターゲットである「脳への愛撫」のためのリモートコントローラーだと考えてください。

観察すべきは脳の状態です。

そろそろ強めの刺激を与えるべきか、それともこのまま淡い快感を提供したほうがよいのか、ここでジラしを挟んだら快感が跳ね上がるだろうか、意表をついてスクラッチはどうだろう——表情やあえぎ声、カラダの反応、体温などから脳の官能具合を想像し、それに合わせて愛撫する場所や方法を変更していく。

それがセックスにおける本当の戦略です。

☑女性の「全身が性感帯」は本当だった！

スローセックスでは、なぜ今まで感じたことのないような快感が得られるのか。

その理由の一つは、「女性の全身が性感帯」になるからです。

皮膚に受けた刺激を脳が〝快感〟として捉える機能――これを私は〝性感脳《せいかんのう》〟と呼んでいます。

この性感脳は、ほとんどの女性の場合、もともと開かれて（開発されて）いるものではなく、確かなセックスを体験することによって育まれます。一般的には数回のスローセックスを経験することで開かれますが、私を相手にした場合は、たったの一回で完全に開かれる女性もめずらしくはありません。

女性の性感脳が完全に開かれて、感じやすいカラダに変化すると、そこに突如として、夜空にまたたく星の数ほどの性感帯が出現する。

スローセックスは、その一回一回の快感や幸福感だけでなく、長い期間を使って「感じやすい脳」をつくっていくことができるところに真骨頂があるのです。

私は以前、不感症セラピーを行なった際にも、ある女性の性感脳を開いたことがあります。その方は今まで「何をされても気持ちよくない」と悩んでいましたが、不感症どころか、実は超高感度の体質だったことが判明したのです。さらにすばらしいのは、性感脳の成熟の早さ。私とのたった一回のスローセックスで、彼女の性感脳は完全に開かれたのでした。

そうなると、文字通り「全身が性感帯」に。脇腹やひじ、ひざの裏はもちろん、果てはクンニのあと、足の親指と人差し指の間を擦《こす》っただけで絶叫し、頭を激しく揺すりながら、なんと、白目をむいてオーガズムを迎えてしまったのです。

ひるがえって世の男性たちはどうか。相変わらず、性欲の処理のためのおままごとセックスでお茶を濁していては、何も進歩がありません。これでは女性たちは全身性感帯どころか、女としての能力のほんの数パーセントも発揮できません。

しかし、今当然だと思っているお粗末なセックスを悔やみ、本当のセックスを身につければ、確実に愛する女性の性感脳を開いてあげることができるのです。

☑「ほめ言葉」だって立派な性的刺激です！

女性はカラダのみならず、心にも「性感帯」を持っています。

そう書くと「愛が必要って話だろ」と思われる人がいるかもしれません。しかし、私が言いたいのは「愛のないセックスをするな」といった次元の話ではありません。

例を挙げましょう。私のスクールに、新婚の若いご主人が相談に来ました。「以前は大声であえいでいた妻が、近頃、感度が悪くなって心配だ」と言います。詳しく聞いても、彼の愛撫法に大きな間違いはありません。そこで後日、今度は奥様だけに来ていただき、お話をうかがいました。

すると奥様は「以前は、セックスの最中もほめてくれたり、エッチな言葉で盛り上げてくれたのですが、最近は黙々と愛撫するだけで、顔もよく見てくれない……。カラダが感じれば感じるほど、心がそれについていけない」と告白してくれました。

策士、策に溺《おぼ》れるとはこのこと。ご主人は「カラダの性感帯」を愛撫するのに熱心になるあまり、「心の性感帯」を同時に愛撫していくことを忘れていたのです。

癒《いや》し、ぬくもり、安心感、ときとしてスリリングな興奮や辱《はずかし》めなどを表現する**言葉は、単に「愛を表現する」というレベルではなく、女性の脳を愛撫していくための立派な「性的刺激」**です。経験するとわかりますが、カラダだけを愛撫しての「イク」と、心も的確に愛撫したときの「イク」とでは、その反応に天と地ほどの差があります。ものすごい相乗効果があるのです。

さらに言えば、心の中に眠っている〝M（マゾ）的な気質〟といった「隠れた性感帯」を開発することで、カラダを開発したときと同じように、感度が飛躍的に上がることもあります。

「愛があれば、あとはカラダを愛撫するだけ」というのは重大な間違いです。〝愛〟は大切ですが、それとは違う次元で、男性は「心の性感帯」を攻略していくことが重要です。

かの宮本武蔵が二刀流という戦術を手に入れたように、あなたも「心の性感帯」という、もう一本の刀を手に入れてください。

☑「一気に」よりも「少しずつ」が効く

ペニスを挿入したら、放っておいても女性のほうから腰をくねらせずにはいられない――そんなレベルにまで官能させたい男性が、理解すべき理論があります。

世の中の男女の多くが、セックスでいまいち官能できないのは、〝イク〟ことと〝感じる〟ことを混同してしまっているからです。この二つはまったく違うものです。

前述の〝カラダの中のコップ〟の例で説明してみましょう。

カラダが〝感じている〟状態とは、コップに水が注がれて、だんだん溜まっている間のこと。愛撫によって「あぁん」などとあえいでいるときは、女性のカラダの中にあるコップに水がちょろちょろと注がれている、そうイメージしてください。

愛撫によって注がれ続けた水がコップの上まできて、表面張力ギリギリの限界を超えたとき、コップが倒れて水が溢れ出した！

このときの、ジョバ～ッと水が溢れ出した瞬間が〝イク〟という現象です。コップに水を溜めている間が「気持ちいい（感じる）」で、ギリギリまで溜まった水が、ひとりでに溢れ出した瞬間が「イクー！」です。

〝溜まっている〟と〝溢れ出す〟では、まったく違う現象ですよね。

この性理論を押さえるだけでも、セックスは飛躍的に進歩します。

実は、**セックスで女性を官能させるための極意とは、「できる限り〝たくさん〟感じさせる」ことと、「できる限り〝大きく〟イカせる」こと**、この二点にあるのです。

この二点を、それぞれある一定レベルまで高めることができれば、どんな男性でも確実に、女性をオーガズムに導き、大絶叫させることが可能というわけなのです。スローセックスのテクニックもすべて、この基本理論にのっとっています。

ではまずその一点目、「できる限り〝たくさん〟感じさせる」ためにはどうすればいいのか。ここでもう一度、先ほどの〝水の入ったコップ〟を思い出しましょう。「気持ちいい」を増やすとは、つまり〝コップに溜まる水の量〟を増やすということですね。では、どうすれば増やせるのか。

キーワードは〝時間〟です。

時間をかけるから「芯から沸騰する」んです

なぜ、スローセックスでゆっくり時間を使うと、こんなに気持ちよくなるのか。

一つひとつの動きが丁寧になり、女性も安心して快感に身をゆだねることができたり、さまざまなバリエーションの刺激を与え合う余裕ができるのも理由の一つです。

ただもう一つ、重要な理由として、男性と女性の性メカニズムの違いがあります。

それは、〝**男性は火の性《しょう》**〟、〝**女性は水の性**〟という差があることです。

男性は火のようにあっという間に燃え上がり、パッと消えてしまう。女性のこんもり盛り上がった胸の谷間を見て、一気に興奮して勃起する。でも射精したら急降下で冷めてしまう。それが男性です。

しかし、〝水〟である女性を瞬間的に熱くすることはできません。やかんを火にかけても、沸騰するまでにはそれなりの時間が必要ですよね（でもいったん沸騰すれば、冷めるのもゆっくりですが)。

つまり、**女性が沸騰するためには〝時間〟が必要。**ここまでは、よいでしょうか。

ここで話を〝水の入ったコップ〟に戻します。女性をたくさん感じさせるためには、コップに溜まる水の量を増やせばいい。「では、蛇口を開放して一気に増やしてしまおう」というのは男性の発想。女性が「気持ちいい」を溜めるには〝時間〟が必要であり、少しずつしか溜められない運命なのです。

愛する女性を官能させたいあなたが、彼女の「気持ちいい」をたくさん溜めるためには、少しずつ、時間をかけて愛撫してあげる以外に方法はありません。しかし、そうすることで確実に、相手の女性を〝たくさん気持ちよく〟してあげられるのです。

確かにクリトリスを強烈に刺激すれば、女性によってはあっという間にイクことはできます。でもこれは、まだコップの底にしか水が溜まっていないのに、強制的に倒して少量の水をこぼしたようなもの。

女性のカラダの中のコップになみなみと「気持ちいい」を溜められるようになれば、限界を超えて溢れたときの〝イク〟のレベルが、今までとは比較にならないほど大きなものであることに気づくはずです。

「口」でしていたことを「指」でしてみる

目の前に乳首があれば条件反射的に吸いついてしまうし、きれいな肌であれば舐めたいと思う。そんな本能的な欲求に従っているからか、女性を愛撫するときに唇や舌を使う男性が圧倒的に多いようです。そうしたほうがエロティックな雰囲気もあっていいと思うところもあるのでしょう。

既存のセックス指南書も、「女性を官能させるため」というよりも「男性の願望を叶えるため」に書かれたものがほとんどですので、必然的に、唇や舌を使ったテクニックばかりが羅列《られつ》されています。

しかし、女性を官能させることを第一に考えて愛撫をするなら、「正確なターゲットに適切な刺激を、微妙な調整をしながら加えていくこと」が重要です。そして、このような愛撫を行なうのにもっとも適しているのは、口ではなくて指。比較するまでもありませんが、指と唇、舌ではその器用さに圧倒的な差があるからです。

唇や舌よりも本当の意味でエロティックなのは、「指」なのです。

たとえば、女性のカラダを隅々まで愛してやりたいと思った男性でも、なぜ全身を愛撫することがないのか？（性感帯は全身に散らばっているのに！）それは、〝全身を愛撫する＝全身を舐めまわす〟ことだと思っているからではないでしょうか。

これはなかなか大変なことですし、だから、あきらめていたわけです。

しかし、五本の器用な指を使った〝アダムタッチ〟ならば、いともたやすく、女性の全身に散りばめられた性感帯を愛撫できます。

これ一つを例にとってみても、**指先による愛撫がセックスの基本である**ことがおわかりになるかと思います。

もちろん、唇や舌を使った愛撫がいけないという話ではありません（とくにクンニにいたっては、むしろ男性の必修科目ともいえるほど欠かせない愛撫法です）。

ですが、愛撫の基本を唇や舌から指へとシフトするだけで、あなたのセックスが劇的に向上することもまた事実。スローセックスを講義する際、一番最初に、「愛撫は指で、愛情表現は口で」と教える所以です。

大きくイクための〝助走〟――前戯の効用

〝セックス＝交接〟だと思い込んでいる男性は、少しでも早く膣にペニスを入れて、長い時間腰を振れば、相手を感じさせられると考えがち。また、ペニスに自信がある男性の中には、前戯《ぜんぎ》もそこそこに、すぐに挿入しようとする人もいます。

当スクールの受講生の中に三〇代後半のこんな男性がいました。アダムタッチのレッスン中、なぜかずっと、うわの空。それを見て、せっかく授業料を払って来ているのだから、ちゃんと覚えて帰りましょうと諭《さと》した私に、彼が申しわけなさそうに言いました。

「実は、ここへは妻に言われて来たんですよ。でも僕の場合、前戯用のテクニックは覚える必要がないんです。交接だけでイカせられるんで」

詳しく聞くと、この男性は自分の大きなペニスに自信を持っており、しかも膣に挿入して腰を振っても、一時間はやすやすと射精せずに勃《た》たせていられるそうです。「男も女もセックスで一番気持ちいいのは交接だ。だから、いくらでも交接していられる自分には、それ以外の愛撫テクニックは必要ないのだ」と言います。

「前戯って要するに、早漏《そうろう》の人のための、時間稼ぎみたいなものでしょう？」

ペニス至上主義、交接至上主義に洗脳された男性はときとして、ビックリするようなカン違いをしているものです。

確かに女性は、交接で大きな快感を得ることができます。

しかし、**セックスには交接という快感の他にも、何十種類もの性質の違う快感がある**のです。それらは、いくら長時間交接をしても得ることのできない快感です。

早漏ではないからといって、ろくな愛撫もなしに、ひたすらペニスを挿入するだけのセックスは、おびただしい種類の料理が並ぶ豪華なビュッフェに連れて行っておいて、ローストビーフだけを黙々と食べさせるようなものなのです。

この男性は、奥様からスクールに行ってみてほしいと言われた理由を「妻の気まぐれ」で片づけていましたが、そんなわけがありません。きっと、〝セックス＝交接〟だと信じて疑わないご主人に、交接以外の愛撫もしてもらいたくて頼んだのです。

挿入のタイミングは「お願いされてから」

「〝濡れ〟は挿入OKのサイン」ではありません。

女性器が「濡れること」と、「感じていること」はまったく違う現象なのです。

女性の膣が濡れるのは、カラダが〝感じた〟からではなく、脳が性的に〝興奮した〟からです。女性器は精神的に興奮するだけで反射的に愛液が分泌《ぶんぴつ》されることが多々あります。つまり、濡れたからといって、挿入される準備が整ったというわけではないのです。

私が体験した例では、愛撫する私の手がびちょびちょになるほど、愛液が次から次に溢れてくるのに、実は不感症でまったく感じていないという女性もいたくらいです。

そう考えると、**「濡れたら入れる」では、挿入のタイミングは早すぎます。**

心とカラダの準備が整っていないのに無理やりペニスを膣に挿入されれば、気持ちいいどころか、身を切り裂かれるような痛みにおそわれます。

よく「交接痛で悩んでいる」という相談メールが届きますが、相手の男性が交接に入るまで、ろくに愛撫をしてくれないというケースがほぼ一〇〇％です。

反対に、「膣が硬いので痛いかも」と心配していた女性でも、アダムタッチによる淡い快感を愉しみ、膣口へのバイブレーション（振動）愛撫などを受けて、準備万端整ってから挿入されると、「ぜんぜん痛くない！」と悦びの声をあげて、すぐに官能の世界に没頭していく例は多い。

女性の交接痛の原因のほとんどは、愛撫が足りないことによる準備不足と、摩擦一辺倒の激しいピストン運動です。

「そんなことはない。女性がペニスを受け入れる準備ができたのを確認してから、挿入している」という男性にうかがいます。何を見て、挿入の準備がＯＫだと思っていますか。「濡れてきたらＯＫ」だと思っていたら、大間違いですよ。

挿入するのは、女性が高いレベルで官能してからです。

女性がガマンできずに「お願い、もう入れて！」と懇願してくるまで、入れるべきではありません。

☑ 意外と多い「相手が感じている、いない」の判断ミス

セックスをしているときのことを思い出してください。相手の女性が、カラダをかけめぐる快感に堪《た》えかねるように、眉間《みけん》にしわを寄せています。

——しかしその表情は、「苦悶《くもん》の表情」だった可能性はありませんか?

男女間で起こる誤解の原因として、**男性がセックスの最中に女性の反応を見誤ってしまう**ことがあげられます。

たとえば、女性からのクレームでここ数年、不動の一位を獲得しているのが、「クリトリスの愛撫が痛い!」という悲痛な叫びです。

私のスクールで女性器愛撫を指導するときは、初めにラバー製の模型を使います。まず受講生に、いつものように愛撫するように指示します。するとほとんどの男性は、いきなりクリトリスを指でグリグリと擦り出すのです。みなさん大まじめにグリグリ

と刺激し、最初から膣にズボッと指を突っ込む男性までいる。

詳しくは後述しますが、クリトリス愛撫の基本は〝超ソフトに〟です。いきなり指でグリグリされたら痛いに決まっています。

そこで私が「それでは女性は痛くて悲鳴をあげますよ」と指摘すると、ある中年男性が言いました。「だってこうすると妻が、すごく感じている顔をするんです」と。

これは明らかな判断ミスです。ご主人をがっかりさせまいと、彼の奥様は決して「痛い」とは言わず、けなげにもガマンしているのです。

苦痛に顔をゆがめ、口を真一文字に結び、必死に耐えているのですが、その表情をご主人は「すごく感じている顔」だと見誤り、ならばもっと感じさせてあげようと、さらにグリグリ強すぎる愛撫を繰り返す。まさに典型的な悪循環です。

実はこのご主人の奥様から、事前にメールをいただいていました。そこには「本人には言えませんが、主人の愛撫が痛くてつらい」と書かれてあったのです。

女性の苦悶の表情を〝感じている表情〟だとカン違いして、エスカレートさせる男性があとを絶ちません。見た目だけで判断しようとせずに、「痛くない？」とひと言女性に聞きましょう。たったこれだけで、重大な誤解は防げるのですから。

「ごく弱めのタッチ」が絶叫につながる！

クリトリス愛撫は〝最初から最後まで超ソフトに〟が原則です。

よく「初めは弱く、感じ出したら一気に強く」という助言を耳にしますが、これは間違い。指でするにしろ舌でするにしろ、**「ごく弱めのタッチ圧で、じれったくなるほどの淡い刺激を、一定の速度でしゅくしゅくと続ける」**が正解です。

なぜ強くしてはいけないか。感じてきたからといって一気に強くしては、仮にイケたとしても「ウッ」程度のレベルになってしまうからです。〝慣れた〟女性なら三分もあればイケるでしょうが、それではもったいない。

あなたのパートナーには、本当の天国を見せてあげてください。

女性からのクレームが絶えないクリトリス愛撫ですが、ひるむ必要はありません。

正しい理論と技術を身につければ、クリトリスは女性から最高レベルの〝イキ顔と絶叫〃を確実に引き出すことができる、優秀な快感スイッチになるのですから。

超ソフトタッチで愛撫すると、初めのうちはほとんど反応がないかもしれません。けれどもそれでよいのです。「痛くない？」と確認したら、あとはしゅくしゅくと、しゅくしゅくと愛撫してください。

心配は無用です。表情や声に表われなくても、女性のカラダの中では確実に、淡い快感がにじむように広がり、徐々にその快感は濃くなっています。「そろそろイキそう」と言われたら、すぐにはイカれないように、さらにソフトな刺激に調整して、まだまだ感じてもらいましょう。

女性からはよがり声とともにため息ともつかない声が漏《も》れてきます。これが**心の底から気持ちよく感じている声**です。そしてついに、女性の全身に溜まった快感が限界点に達して大爆発を起こそうとしたとき、満を持して指や舌のピッチを上げ、一気にイカせるのです！

まるで燃料を満タンに積んだスペースシャトルが、点火と同時に爆風を巻き上げ、轟音《ごうおん》とともに空へと飛び立つようなオーガズム。愛する女性の究極の官能美が、あなたの目の前で展開されるはずです。

☑「正しい性技術」でパートナーが〝名器〟に！

「ミミズ千匹」「カズノコ天井《てんじょう》」「タコツボ」「イソギンチャク」「三段締《じ》め」など、男性誌や官能小説にはこのような呼称をもった女性器が登場します。

いわゆる〝名器〟と言われるものです。

しかし、はっきりと言いますが、**名器とは「いかにいい女を口説き落としたか」を自慢したがる男たちが生みだした、ただの都市伝説**にすぎません。研究のために一〇〇〇人以上の女性の膣にペニスを入れてきた私が断言します。

そんな子どもじみた迷信を真に受けて、自分のパートナーに「おまえの膣、ゆるいんじゃないの？」などと、とんでもない暴言を平気で吐く男性がいます。そのような心ないひと言で、どれだけ多くの女性が心に深い傷を受け、セックス恐怖症に陥ってきたか。私はその暴言を断じて許しません。男性がもし恋人から「あんたのチンチン、小さいわね」と笑われたらどうでしょうか。その言葉が頭から離れなくて、インポテンツになるほどのショックを受ける人だっているはずです。

女性もまた、自分の性器にコンプレックスを抱えやすいのです。

「色が黒ずんでいる」などと言われ、自分にはセックスをする資格はないと思い込んでしまうこともあれば、左右の小陰唇のバランスが悪いと指摘されて、本気で手術を考えたりもします。「名器を持った女性と出会ってみたい」などという誤った考えはこの場で捨ててください。

男性がペニスを膣に入れてもっとも気持ちいいと感じるのは、膣壁がペニス全体をすき間なくしっとりと包み込み、そのまま絶妙な加減で収縮をしだしたときです。

女性の膣がその状態になったとき、男性はそれを、〝もともとそういう形の膣だった〟と思い込んできました。しかし、そうではありません。すべての女性器は相手の男性によって、名器になったり、ならなかったりするのです。

簡単に言えば、ものすごくセックスの上手な男性相手ならば名器になるし、何も知らないジャンク男相手では、そうはなりません。

つまり、**真の名器は男性の正しい性技術によって、つくられるもの**なのです。

☑「膣が、ペニスをしっとりと包み込む」瞬間がある

とかく男性は、ペニスに関して、その大きさを自慢したり、その小ささに悩んだりする傾向があります。私にはそれが不思議でなりません。なぜなら、当スクールに「カレのが大きすぎて、痛くて困っています」という相談は来ても、「カレのが小さくて欲求不満です」という相談はほとんど来ないからです。

ちなみに私のペニスもごく標準的なサイズです。なのに、私とセックスをした多くの女性に感想を聞くと、「アダム先生のアレは、すごく大きいですよね」と言うのです。実際に交接をしているときも、顔を紅潮させながらよがってくれます。

実はこれには、わけがあるのです。

いよいよ交接となって、**ペニスをゆっくりと挿入したら、すぐに腰を振ることなく、そのまま二〜三分間、静止させてみてください。**するとどうなるか。なんと、膣壁の

ほうからペニス全体をしっとりと包んできてくれます。あなたのペニスの形に合わせて、膣のほうがそれにピッタリのサイズになってくれるのです。

これほど神秘的な現象はないでしょう。そうしてサイズがピッタリになれば、ペニスが大きいも小さいも関係ありません。

もう一つ、真実を教えます。女性器はいつも同じ状態ではないということです。

その日の体調や心のコンディション次第で、すぐに濡れてきたり、ほとんど濡れなかったり、あるいは膣口の締まりが強かったり、ソフトだったりします。しかし、それとは別に、女性たちが確実に〝名器の持ち主〟になる瞬間があるのです。

それは、大絶叫をともなうような、深いオーガズムに達したとき。

そのようなオーガズムを迎えたとき、女性の膣は本人の意志とは無関係に収縮し、ペニス全体を包み込むようにキューーッと締めつけてくれます。

これが男性にとっても最高に気持ちいい。つまり、**オーガズムに達すると、どんな女性も名器の持ち主になる**ということ。逆を言えば、女性をオーガズムに導けない男性には、名器は訪れないのです。ペニスのサイズが関係ないことも、おわかりいただけたでしょうか。

☑「イカせよう」と思わないほうがうまくいく

「本当は私、カレとセックスするよりも、自分のマスターベーションでイッたほうが気持ちいいんです」——耳打ちするように、私にそう告白する女性のなんと多いことか。

ジャンクセックスの中で男性が行なう稚《ち》拙《せつ》な指使いよりも、どこをどうすれば感じるかを知りつくした、自分の指先のほうが気持ちがいいというのも無理からぬ話です。

では、男性にとってこの不名誉な現状を変えるためには、どうすればよいでしょうか。

その質問の答えはこうです。

女性をイカせようとしないこと。

これは禅問答ではありません。お互いに官能できる本当のセックスをするには、男女ともに、一瞬の快楽でしかない〝イク〟へのこだわりから脱却して、〝感じる〟ことにこだわるという発想の転換が必要なのです。

私自身の経験から言っても、女性のイキ方というのは女性の数だけあると言ってもよいほどに、その表現はさまざまです。全身を痙攣させながら無言でイク女性もいれば、絶叫する女性もいます。しかもその反応は、その日の体調や快感の度合いによって変化します。ですから、イッているのかどうかは、「たぶんそうかな」と推測はできても、実際のところは私でもわかりません。

逆に私自身も、私とセックスをした女性も、イク・イカないにはほとんど執着しません。なぜなら、女性が本当のスローセックスを体験すると、**〝イク〟なんてレベルをはるかに超えた、最高のオーガズム**を実感するからです。

それは、どんなに頑張っても、マスターベーションでは味わえない圧倒的な快感です。もうそうなったら、イッたかどうかなんて、低いレベルの〝目標〟はお互い気にならなくなります。

イカせようとせずに、〝感じさせよう〟とする。これが結局は、最高のオーガズムへの近道というわけなのです。

では、スローセックスで言う〝感じる〟ためには、どうすればいいでしょうか。

クリトリス愛撫は「普段の一〇分の一」の強さで

スローセックスでは、〝感じる〟ことにとことん貪欲《どんよく》になる。結果として、絶叫するようなオーガズムが待っています。

そのためには、十分な「助走」が必要です。

すべての女性のカラダを、ものすごく高度で緻密《ちみつ》な性能を搭載したジャンボジェット機だとイメージしてください。そのジェット機は、あなた次第でどこまでも高く、どこまでも遠くへ飛んでいく能力があります。

しかし、どんな飛行機も滑走路なしでは飛び立てません。それがジャンボジェット機ともなれば、さらに長い滑走路が必要になります。

女性のカラダも同じです。わずか一五分足らずの愛撫では、ロケット花火を打ち上げるくらいの快感しか与えることはできません。つまり、**スローセックスの前半に行**

なう愛撫は、飛行機を飛ばすための滑走路のようなものなのです。

アダムタッチの〝やさしくて淡い快感〟でたっぷりと助走させながら、巨大な機体を離陸させます。滑走路を走らせながら機体をあたため、ゆっくりと加速させられるのは、〝強烈な刺激〟ではなく〝淡い快感〟です。ここで強い刺激を与えてしまうと、女性は飛び立つ間もなく小さくイッて終わり。最悪の場合、「ただただ痛いだけのセックス」になりかねません。

高感度性感帯でも同様です。たとえばクリトリス愛撫の原則は〝最初から最後まで超ソフトに〟でした。いつもあなたが行なっている強さの五分の一、いや一〇分の一くらいの強さでもいいかもしれません。超ソフトな愛撫を続け、女性のカラダの中に甘美《かんび》な快感をどんどん溜めていくのです。

〝感じさせても、イカせない〟くらいの愛撫で、機体の高度を徐々に上昇させます。セスナ機とは違い、ジェット機は高度を上げるのにも時間がかかります。その代わり、どこまでも高く飛んでいけるのです。

快感という燃料をどんどん燃やしながら、いつしか成層圏さえ突破するようなセックス。そんな体験をしたら、その女性はもうあなたから離れられなくなるでしょう。

「強い刺激ほど女性は感じる」はまったくの嘘

多くの男性は〝強烈に感じさせる＝強烈な刺激を与えること〟だと思っているようです。ですが、女性を官能させることを考えれば、〝弱くて淡い快感〟に軍配が上がります。

Gスポット愛撫やペニスを挿入した交接も、やみくもに激しくしたって女性は官能できません。3章で詳しく解説しますが、Gスポット愛撫は該当ポイントに指を当てて、グッと圧《お》してパッと離す〝オンオフ運動〟で行ないます。このときも必要なのは強い力ではありません。〝適度な力加減〟で正しいポイントに〝圧迫と振動〟を与えることで、強烈な快感を与えられるのです。

柔《じゅう》よく剛《ごう》を制す。女性に心とカラダを完全に開放してもらうためには、触れるか触れないかの〝ごくごく淡い刺激〟がいいのです。

むしろ強い刺激は女性に緊張を強《し》いる面もあります。

私が女性とセックスする上で、もっとも重要視していることは、ベッドの上でアダムテクニックをさく裂させることではありません。いかにその女性の緊張を解いてやり、リラックスさせてあげられるかを一番に考えています。

「女性はリラックスモードを経由しないと官能することはできない」という重要事項をクリアしなければ、私のセックステクニックさえ何の役にも立たないのです。

女性はどんな男性が相手でも、その男性と何度セックスを繰り返したとしても、セックスをする前はもちろん、その最中も、常に緊張と隣り合わせにいます。

「期待どおりイケるかしら」とか「痛くなったらどうしよう」といった不安や、「胸が小さくて恥ずかしい」といったカラダのコンプレックスなどもあります。その緊張感を、いたわりや思いやり、信頼感でもって、丁寧にほぐしてあげる。**緊張感を取り除きリラックスすることで、女性ははじめて〝感じる準備〟ができる**のです。

好きな男性とのセックスですら、女性は緊張したままでは快感に身をゆだねることはできません。自慢のテクニックを披露する前に、相手の女性を本当にリラックスさせられているかどうか、そのことに全神経を集中させてください。

アダムタッチ――「触れるか触れないかのタッチ圧」がいい

いよいよ、スローセックスの根幹をなす愛撫法であり、**私の代名詞的テクニックである〝アダムタッチ〟**をご説明したいと思います。

アダムタッチとは単に女性をイカせるためだけの単純なテクニックではありません。私がなぜ世間で〝オーガズム伝道師〟と呼ばれ、すべての女性を官能させられるようになったのか。それは、私が女体に秘められた官能の謎を解明し、その扉を開けるためのテクニックを発見したからです。

それがこの〝アダムタッチ〟。アダムタッチとはひと言でいえば、「利《き》き手の五本の指で、女性の肌に触れるか触れないかのタッチ圧で撫《な》でていく」愛撫法です。そのすばらしい効果を、順を追ってご紹介しましょう。

女性はリラックスモードを経由しないと官能できないことは前に説明しました。だからといって、「ソファでお茶を飲みながらテレビを観て、リラックスしたから即クンニ！」では、エッチモードには到底入れません。そこで、このアダムタッチをセックスの導入で実践してください。

女性はその淡い刺激に心もカラダもリラックスさせて、「ふぅぅん……」といった心地よさそうな声をあげます。愛撫を続けているうちに、いつの間にかエッチモードへストンと落ちていき、いつしかあえぎ声になっているはずです。

アダムタッチは**セックスの最重要事項、〝リラックスモードからエッチモードへのシフト〟という過程を確実に実現**します。

また、〝女性は全身が性感帯〟とは昔から言われていますが、では、その全身をどうやって愛撫するのか。官能小説や成人漫画では女性の全身を舐めまわすシーンがありますが、とても現実的なテクニックではありません。すぐに口が乾いて唾液が足りなくなりますし、何より大変です。しかも苦労のわりに、舐めるという刺激はすぐに慣れてしまうため、女性はあまり気持ちよくありません。

しかし、指を這《は》わせていくだけのアダムタッチなら、誰でもたやすく、女性の全身に散らばる性感帯を好きなだけ愛撫できるのです。

☑ 簡単に「官能しやすい体質」に変える方法

アダムタッチの効果はまだまだあります。

私はスローセックスの導入でアダムタッチを施《ほどこ》し、相手の女性の性感脳を全開にしたあとも、キスをしながら、クリトリスを触りながら、交接をしながら、ことあるごとに片方の手でアダムタッチを実践します。また、たとえばGスポット愛撫から交接に切り替える合間でも、太ももや腕の外側をサワサワとアダムタッチします。

こうすることで、女性はセックスの間、常に心とカラダを一つにすることができるからです。

女性は男性以上にセックスを〝愛の営み〟として捉えています。ですから、官能レベルをより高くしていく途中で、**カラダばかりが強烈な快感におそわれると、ともすると心がおいてけぼりになりがち。**そうなっては、心とカラダの状態が密接に関係している女性は、真の官能を得ることができません。

心のどこかに一抹《いちまつ》の寂しさ、むなしさが残ってしまい、それがたび重なると、セックスに対する期待感が薄れ、やがてセックスレスという最悪の事態を招きかねません。

それを防ぐ意味でも、男性はセックスの最中、愛撫テクニックにばかり気を取られずに、相手を尊重するほめ言葉をかけてあげたり、体位を変えるときにもゆっくりやさしく手を取ってあげる。そして、アダムタッチをしてあげたりすることが何より重要です。導入だけでなく、あらゆる場面で自然にアダムタッチができるようにしてください。

アダムタッチがその体験者やメディアから〝驚異のテクニック〟と絶賛される最大の理由が、実はもう一つあります。

それは、セックスの回数を重ねるたびに、**女性を〝官能しやすい体質〟へと劇的に変化させることができる**からです。

前に、女性のカラダの中の〝快感を溜めるコップ〟の話をしましたが、そのコップをドラム缶に、そして最後には巨大ダムにまで大きく成長させるセックスができるようになる。これこそが、アダムタッチの真骨頂なのです。

女性に悦ばれる愛撫は「秒速三センチ」

お待たせしました。〃アダムタッチ〃を練習してみましょう。自分の太ももを女性の肌に見立てて、以下の説明の通りにやってみてください。

まず利き手の手のひらを太ももに置きます。各指の間隔は約一センチにしてくださ い。その形をキープして肌と水平にしたまま、二センチほど浮かせます。

次に五本の指先だけを肌の上にそっと降ろしましょう。これがアダムタッチを行なう際の基本フォームです。この形をしっかりと記憶してください。

愛撫していく際のポイントは次の三点です。

①触れるか触れないかのタッチ圧
②時計回りに、楕円《だえん》形を描く
③秒速三センチの速さ

アダムタッチの基本フォーム

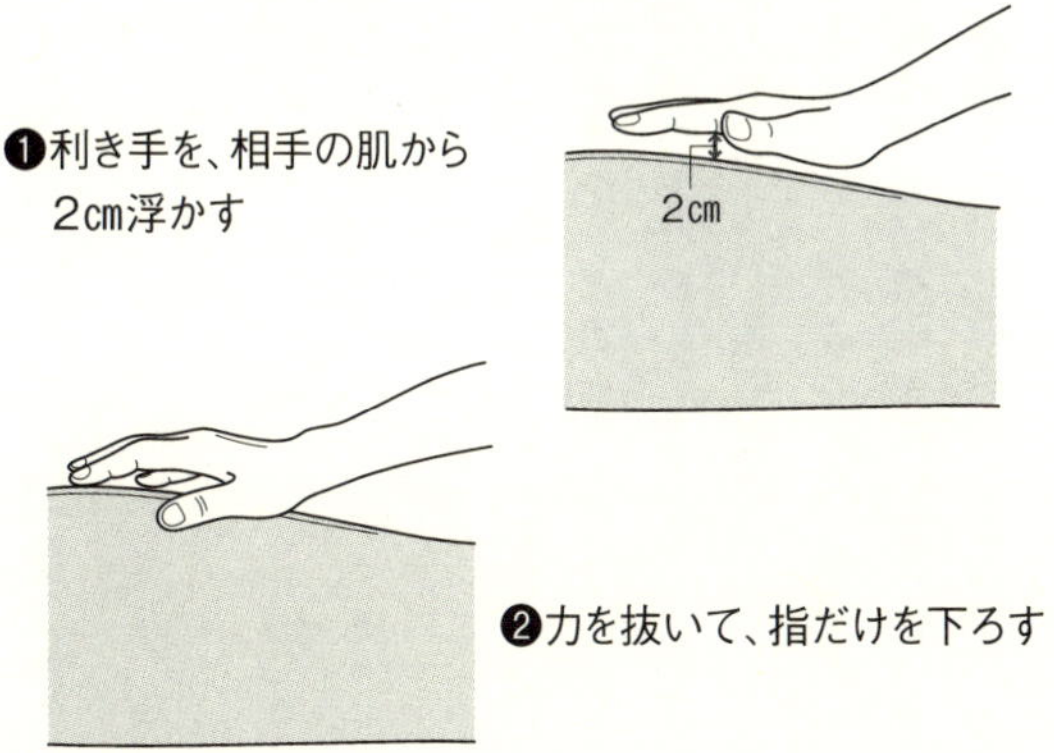

❶利き手を、相手の肌から
2㎝浮かす

❷力を抜いて、指だけを下ろす

どれか一点でも欠けてしまうと、アダムタッチは成立しないので注意してください。肌に触れるか触れないかの絶妙なタッチ圧は、性感帯に理想的な刺激を送り込みます。女性の肌と自分の指の間に薄い被《ひ》膜《まく》があるようなイメージを持つとよいでしょう。

汗で濡れた肌ではアダムタッチをしても威力が半減します。そのような場合、ベビーパウダーを活用するとサラサラ感がキープされ、絶妙なタッチ圧のまま、指をスライドさせるのが容易になります。

さらに、あの独特のやさしい香りが女性の心をよりリラックスさせ、官能の扉を開けやすくしてくれます。

☑「規則正しい動き」で「次を期待させる」

あっちをサワサワ、こっちをサワサワでは、アダムタッチの威力は発揮できません。それは女性の性メカニズムに、二つの特徴があるためです。

一つは、**女性は「規則正しい動きに安心する」生き物である**ということ。

全身を愛撫するとなると、その面積は決して狭くはありません。漠然とアダムタッチしては、お互いに、どこをどう愛撫しているのか意識できなくなってしまいます。

そこで、背中、腕の外側、脇の下、前腕の内側、ひじ、二の腕の内側、左のお尻、右のお尻といったように女性のカラダを細かな「面」に分解。そして、**一つひとつの面いっぱいに、楕円を描くように手を動かしていきます。**太もものような大きな面は大きな楕円を、腰やお尻のような中くらいの面には中くらいの楕円を、手のひらや足の甲などの小さな面には、二〜三本の指を使い、小さな楕円を描いてください。

明確なターゲットを設定して愛撫することで、女性のほうも、「今、私はここをアダムタッチされている」というイメージが持てます。さらに、規則正しい動きの楕円形を描かれることで、女性は安心、やすらぎ、信頼といった心地よいリラックス状態の中で感じていけるようになるのです。

女性の性メカニズムの二つ目は、**「期待感」と「官能」が比例する**ということ。男性が一つひとつの面を攻略していく過程で、女性も「もうすぐあそこを触ってもらえる」と予測ができる。ここで生まれる期待感が、女性を官能しやすいカラダへと開発していくのです。

そして秒速三センチのスピード。一、二、三と数えて九センチ。これが女性が淡い快感を一〇〇％受けとめて、「早くあそこを触って〜」という期待感を生みだす理想的な速度なのです。速度を一定に保てるように練習してください。

補足ですが、なぜ時計回りかというと、〝気の流れ〟（ネジを埋め込むときと同じ時計回り）にのっとるから。実はアダムタッチとは女性の全身に〝気を送り込む〟テクニックでもあります。そのため肌に接するのも指の先端ではなく、指の先端と指紋がある指腹のちょうど中間点。ここには気の交流をうながすツボがあるのです。

「最初は髪の毛から」が一番感じる順番

性感脳がまだ完全に開かれていない女性に対してアダムタッチを施していく場合は、とくに、その「順序」に気をつけましょう。

全身愛撫のキーワードは〝必要時間〟と〝順序〟です。

初めに愛撫するのは髪の毛。髪の毛自体に神経があるわけではないので意外に思われるかもしれませんが、髪の毛への愛撫は、毛根を通じて弱くて心地いい刺激を頭皮に伝え、感受性を〝チューニング〟(調律)する効果があるのです。

静かな森の中にしばらくいると耳が〝チューニング〟されて、そよ風が木《こ》の葉を揺らす音さえ聴こえるようになるもの。それと同じで、日常に溢れる刺激で鈍化した女性の感覚にみずみずしさを取り戻しておくと、アダムタッチにも敏感に反応してくれるようになるのです。

髪の毛をやさしく愛撫したあとは、**顔**、**首**、**肩**、**鎖骨**《さこつ》を丹念にタッチ。そして女性が官能の扉を開き始めたところで、カラダの〝外郭《がいかく》〟を攻めていきます。たいていの男性はこんもりと盛り上がったオッパイにタッチしたくなるでしょうが、ガマンです。**腕の外側**や**脇腹**をアダムタッチされると、女性は「こんなところも愛撫してくれるの？」という感動と、全身を真綿で包まれるようなソフトな快感に癒されて、相手に身も心もゆだねようと思ってくれるのです。

次に**腰**、**背中**、**お尻**、**太もも裏**などの背面に移ります。とくに**腰椎**《ようつい》**と尾**《び》**てい骨の間**（腰とお尻の間）には〝仙骨《せんこつ》〟と呼ばれる〝性感エネルギーの発電所〟がありますから、そこを何度もアダムタッチして、感じるエネルギーを増やしてください。

再びカラダの前面に戻り、**腹部**などをタッチしてからようやく**乳房**と**乳輪**、そして**乳首**をタッチ。その乳首でいったん感度を跳ね上げておいて、その後、**足の先**から**太もも**へと、下から上へとアダムタッチしてきます。

全身をアダムタッチする時間は二〇～三〇分を目安にしてください。

たったこれだけで、女性のカラダは、持ち前の旺盛《おうせい》な性欲をかき立てられ、どこを触られても響くように「気持ちいい」と感じるようになるのです。

こんな「交接以外の愉しみ」を知っているか？

「そんなに長い時間、愛撫できない」と考える男性がまだいるかもしれません。

しかし、世間のセックスがいかに短時間か、そのせいで官能できない女性がどれほどいるかは既にお話しした通り。前戯に一五分、交接五分、計二〇分のセックスは、性メカニズムの面から考えても女性を満足させることはできません。

他人が撮った恋愛映画は二時間以上でも平気で観るのに、二人の〝究極の愛の表現〟であるセックスはたったの二〇分だなんて、あまりにも悲しいと思いませんか？

その原因が、射精することで頭がいっぱいになっている男性たちにあることは事実です。しかし、女性もまた、違う意味でこの二〇分足らずのセックスを良しとしている現状があります。

知り合った女性に**「私のセックスは平均二時間以上。長いときなんか、三時間、四**

時間と愉しむこともある」と話をすると、「長すぎですよ〜」とよく言われます。そして必ず「そんなに何をするんですか?」とか「疲れないんですか?」といった質問を受けるのです。「いろんな愛撫をしたり、たくさんの体位を愉しんでいるんだよ」と答えても、みなさん口をそろえて「そんなのキツイ」「フェラばっかりでアゴが疲れそう」「アソコが痛くなりそう」とあきれ顔ではやしたてます。

この女性たちは私が二時間のセックスをすると聞いて、〝今の二〇分のセックスを二時間に延ばす〟のだとカン違いしているのです。

スローセックスは、ジャンクセックスをだらだらと延ばしたものではありません。愛撫に時間をかけましょうといっても、今までの乳房揉み、乳首チュパチュパ、クリトリスをグリグリという〝ジャンク技〟を、時間だけ延ばして行なうのではないのです。

それでは前出の女性たちが言うように、ただ疲れて、痛い時間が延びるだけ、不満が増すだけのセックスになります。

ところが、スローセックスのさまざまな愛撫で女性を面白いように感じさせていると、一時間なんてあっという間なのです。

これは男女ともに、経験してみてはじめて実感できることでしょう。

「まずは、正常位から」は今すぐやめなさい！

ある週刊誌の特集記事をつくるとき、成人女性にアンケート調査をしたところ、セックスに対する不満の実に半数近くが、男性の「早漏」についてでした。この中には当然、愛撫が短いことへの遠回しなお叱りもあるわけですが、一般的に交接時間が短いこともまた、事実です。

一方、「クリトリスと膣のどちらでイクか」というアンケートでは、八割の女性がクリトリスと答えています。これはクリトリスと比べて、膣のほうがイキにくいことが主な原因です。膣でオーガズムを与えるためには、交接独特の、カラダの中心からとけていくような快感を全身でたっぷりと味わってもらう必要があります。そのためには、どんなテクニシャンでも、長時間交接は欠かせません。

前戯が二〇分なら交接も二〇分、前戯に一時間なら交接にも一時間かけることを基本と考えてください。**総合時間の半分を交接にあてるのが、もっとも女性が官能する時間配分**です。

「そうは言っても、三〇分、一時間と射精をガマンするなんてとても無理」――そう思う男性も多いでしょう。現に日本人の七割が早漏と言われています。

しかし、早漏は必ず克服できます。具体的なトレーニング法は4章で後述しますが、その前に、早漏問題に関して重要な質問を一つします。

あなたが一番よく使う体位は何ですか？

――おそらくほぼ一〇〇％の方が、〝正常位〟と答えるのではないでしょうか。

ところが何を隠そう、一〇〇種類以上ある体位の中で、**基本体位だと信じられているこの正常位こそが、射精しやすい体位ナンバーワン**なのです。

男性が前傾姿勢をとる正常位は、射精をうながす交感神経が優位に立ちやすく、視覚的な刺激も大きい、ペニスへの摩擦も強くなるなど、自ら「早漏になります」といっているようなもの。自爆行為なのです。

だからスローセックスにおいては、正常位を「射精専用体位」と位置づけて、長時間交接のフィナーレのときにしか使用しません。

〝イキにくい〟のに気持ちがいい体位【体位①】

男性にとって自爆行為である正常位はクライマックスまでとっておく。それまでは、**〝男性がイキにくいのに、気持ちいい〟体位**で、女性をトリコにしてしまいましょう。

まず、交接のスタートは**対面上体立位**（137ページ上図）でキマリです。聞きなれない体位だと思いますが、難しくはありません。簡単に言えば、いわゆる正常位の体勢から、男性が立てひざの状態になって、上体をベッドに対して垂直に起こした形です。

いつもの前傾姿勢から上体を起こしただけ。しかし、たったこれだけで、**射精のタイミングをある程度コントロールできるようになる**のです。また、この体位は激しいピストン運動には不向きなため、自然と自分の暴走をセーブすることができます。挿入したら、いったんペニスを静止させて膣壁が寄り添ってくるのを待つ。そして、ゆらゆらトントンと〝二人でつながっている快感〟を味わいましょう。

この体位からスタートするだけでも、挿入時間が三分だった人は五分に、五分だった人は一〇分以上の交接が可能になります。

ほかにも〝イキにくいのに気持ちいい〟体位はあります。対面上体立位で射精をコントロールする感覚がわかってきたら、次にぜひ試したいのが、インドの性経典『カーマ・スートラ』では基本体位とされている、**対面座位**（137ページ下図）です。

男性があぐらをかいて座り、その上から女性が向き合った状態で男性にしがみつくような体勢。射精をうながす神経を抑制するだけでなく、交接しながらキスや愛の会話も愉しめるという、スローセックスの理想的な体位です。その他にも抱え騎乗位や股交差側位など、持続力がアップする体位はあります。後ほどお教えしましょう。

ちなみに、正常位は英語で「missionary position（宣教師ポジション）」。これは大航海時代、キリスト教の布教にあたり、原住民が親しんでいた後背位系の体位を「動物的だ」と問題視した宣教師が、正常位以外の体位を禁止したことに由来しています。これは、現代の日本人が正常位で始まり正常位で終わるパターンを当たり前だと思っていることと、まったく無関係ではないはずです。

女性を〝すごい一発〟で満足させる方法

一晩に何回射精できるかが、男性の力強さのバロメーターであるかのように、「俺は昨日、四発もやった」などと自慢する——男同士の居酒屋トークの定番ネタです。

中には一晩で六発、七発は当たり前などという猛者《もさ》までいるようです。

今までに一〇〇〇人以上の女性を絶頂へと導いてきた私ですから、もしかして一晩で一〇発はいけるほどの性豪ではないかと思われる方もいるかもしれません。しかし、**私は基本的に「一発だけ」です。**

一発というのが一回射精するという意味ならば、その一発すらないときもあります。あえて射精せずに終わらせることもあるからです。

男性が何発射精するかということと、女性が満足できるかどうかは無関係です。これは考えてみれば当然です。男性が射精したとしても、女性はそのこと自体で快感が跳ね上がるわけでも、ひと区切りつくわけでもないのですから。

でも、この当たり前の事実に、男性はなかなか気がつきません。セックスを「一発、二発」という単位でカウントする習慣自体が、完全に男性本位の考え方。そこに女性の満足度をあてはめようとすることは、まったくのナンセンスです。

女性の本音は、「短くてスポーツみたいなセックス三回より、ドラマチックで愛の溢れたスローセックス一回のほうが気持ちいいし、うれしい」のです。

無理やりペニスを何度も勃《た》たせて、萎《な》えないうちにあわてて挿入されて腰を振られても、女性はついていけません。たった一〇分の交接を六回繰り返されるより、一時間たゆたうように交接したほうが、合計時間は同じでも、女性は何倍も官能するということです。

もし今度、あなたの知り合いの男性が「昨日、一晩で三発もやったぞ」と自慢してきたら、ぜひこう言い返してください。

「三回も射精しないと彼女を満足させられないんだから、君はよほどセックスが下手なんだな。俺なんて、たった一回の射精で完全に満足させているぞ」と。

3章

相手を絶叫させたことがありますか？

――「未体験のオーガズム」を引き出す技術

「セックスが盛り上がる」キスとは？

セックスとは男女による究極の愛の表現であるとともに、感性と感性のぶつかり合いの場面でもあります。

私たち日本人は昔から、カエルが池に飛び込んだだけで、気持ちを弾ませ、一句詠《よ》めるほどの豊かな感性を持ち合わせています。

〝雨〟を表現する言葉一つとってみても、玉が降ってくるような雨を「村雨《むらさめ》」と呼んだり、雲がないのに降ってくる雨を「狐の嫁入り」と呼んだり、草木を潤《うるお》す雨を「甘《かん》雨《う》」と呼んだり、そのおもむきにより、さまざまな名前をつけるほどの繊細な感性を持っています。

そのようなすばらしい感性を、ぜひ、セックスにも活かしたいものです。

今までのジャンクセックスによる、強くて粗雑な刺激に慣れてしまった二人の皮膚感覚、大きな反応がない限り相手が感じている証拠にはならないと誤解してきたような意識を、本来のみずみずしい姿に戻しましょう。

砂糖やハチミツまみれの、ひたすら甘いだけのケーキばかりを食べさせられてきた二人が一流パティシエのケーキを食べたとしても、その鈍ってしまった舌では、繊細で複雑に絡み合うさまざまな種類の甘味を愉しめるハズがありません。

肌が触れるか触れないかのギリギリのぬくもりを感じ合える皮膚感覚。女性に初めてキスをしたときに、相手の小さな息づかい、心臓の高鳴りを感じとれた繊細な感性を取り戻す——これは、官能的なセックスをするために欠かせない、大切なポイントです。

そこで男性のみなさんに、見直していただきたいのが**キスの奥深さ**です。

キスは最初に粘膜と粘膜が接触する神聖でセクシャルな行為であり、その後のセックスを大きく左右します。

そんなキスを単なる通過儀礼にしていませんか？

相手の唇だけで一句詠めるくらいの感性でキスをしていますか？

「七種類のキス」で相手の唇を味わいつくす

多くの男性にとって、キスとはセックスに至るための「通過儀礼」。これに対して女性にとっては、「男性からの愛情を計るモノサシ」です。

キスをなおざりにすることは、女性の気持ちを萎えさせるばかりではなく、豊かなセックスをする上で必要な感性をみすみす捨てているようなものなのです。

異性のおいしい唇を味わいながら、五感を研《と》ぎ澄ませてキスを愉しみましょう。

情熱的で荒々しいキスだけが、最上級のキスではありません。参考までに、私が提唱する七種類のキス〝レインボーキス〟を紹介します。

【レインボーキス】

①アダムキス

触れるか触れないかの〝愛の攻防〟を愉しむ、唇同士のアダムタッチ

②ビギニングキス
口の力を抜き、そのまま相手の唇にしっとり押し当てて、やわらかさを感じ合う
③サウンドキス
ごくソフトにピトッと当て、離しながらチュッと音をたてる。鼻の頭、アゴ先にも
④タンキス
力を抜いた舌先同士でこね合うように愛撫します。ねっとりとした感触を愉しむ
⑤ディープキス
五感がビンビンになったら、ここでその情熱を開放。本能のままに舌を絡め合おう
⑥ペニスキス
女性の舌をペニスに、男性の口を膣に見立てて挿入する、倒錯した疑似セックス
⑦バキュームキス
欲望のまま、唇が腫《は》れ上がるくらい情熱的に吸い尽くす。キスのクライマックス！

その愉しさ、奥深さを知ると、キスだけであっという間に二〇〜三〇分くらい経ってしまいますよ。

女性が「口に出せないけど、してほしいこと」

女性を官能させたければ、絶対にクンニリングス（口を使っての女性器愛撫）をないがしろにしてはいけません。

男性は女性からフェラチオをされることが大好きですが、マッサージオイルを塗ったペニスの亀頭周辺を手でヌチャヌチャとされるほうが、快感レベルからすれば実はフェラチオよりも数段上です。そういう意味では、女性から男性への愛撫の最高峰は、「指」を使ったペニスへのオイルマッサージとなります。

しかし、女性の場合、指でのクリトリス愛撫もよいのですが、精神的、肉体的快感レベルともに最高峰となるのは、絶対的にクンニなのです。

女性がセックスに関して、男性に伝えたいけど伝えられないリクエスト。その代表選手が「クンニをちゃんとしてほしい」です。

腰がムズムズするような淡い快感が股間《こかん》から全身にじわじわと広がって、カラダが熱くなり、理性を失うほどのオーガズムを迎えるまで、愛する男性にクリトリスを徹底的に舐めてほしい。これが、ほとんどの女性の本音なのです。

正直なところ、あなたが完全に射精をコントロールできて、さまざまな体位をマスターするまでは、交接に関してはほかの男性とほとんど差はありません。しかし、このクンニでなら、簡単に差をつけることができます。

フェラチオをしてもらったお礼のような、形ばかりのクンニや、ポイントを外したおおざっぱなクンニではなく、女性を最高レベルのエクスタシーに誘うための正しいクンニ。これをきちんとしてあげるだけで、たとえ早漏の男性だったとしても、相手の女性は〝セックスが上手な人〟という称号を与えてくれるでしょう。

いったんクンニを始めたら、女性をイカせてあげるまでやめてはいけません。ただ、矛盾するようですが「イカせるクンニをする」ということとは違います。イキそうになるギリギリの快感をどれだけ長時間、与えられるかで、絶頂を迎えたときの高さが決まるからです。

淡々と舐め続けることこそが、真の〝男らしさ〟と考えてください。

クリトリスは「急所」を「ピンポイント」で

指を使うか、舌を使うかにかかわらず、クリトリスを愛撫する上で重要なポイントがあります。

それは〝**皮をしっかり剥**《む》**く**〟ということです。

「皮を剥いたら、よけいに痛くなるのでは」と心配される方もいるかもしれません。確かにクリトリス自体はものすごく敏感です。でも、クリトリスほどではないにしろペニスの亀頭も敏感ですが、その周りの皮は多少引っ張られたところで痛くはないでしょう。クリトリスを包む皮も同じように、クイッと剥かれた程度で痛いということはありません。

あいまいな性知識のままのセックスでは、相手に苦痛を与えるばかりか、真の快感を逃してしまいます。しっかりと学んでいきましょう。

さて、クリトリス愛撫で一番大事なことは、小さな小さな豆つぶほどの〝急所だけ〟を確実に〝ピンポイントで〟愛撫することです。

布団をかぶったまま「この辺だろう」という部分を「なんとなくモゾモゾ」していたのでは、相手をがっかりさせたり、イライラさせたりするのが関の山。たとえば変ですが、蚊に刺された場所の周りだけをモゾモゾ掻かれたら、あなただってイライラしますよね？　皮を剥かれずに愛撫されるのも同じこと。背中がかゆいのに洋服越しでしか掻いてもらえないような歯がゆさがあるのです。

初心者はまず、**ターゲットであるクリトリスの正確な位置を自分の目で確認してください。**

「部屋を暗くしないとエッチさせてくれない」という男性もいますが、クリトリスを視認できる程度の明るさは確保するべきです。「エッチの間も、その可愛い顔を見ていたいんだ」といったほめ言葉を添えて、了解を得る努力をしてください。

両手を使った愛撫なら右手で、片手でするなら手のひらか親指の腹で、クンニの場合は両手で、皮をしっかりと剥き、クリトリスを完全に露出させること。

次項から、クリトリス愛撫の具体的な手順を確認していきます。

☑ クンニ――超ソフトに"じゅくじゅく"と舐める

仰向けの女性の脚をやさしく開き、その間に正座を崩したような姿勢で座ってください。次に左ひじを女性の太ももの外側に置いて、自分の体重を預けます。

正座のままクンニをする男性もいますが、首に負担がかかり、途中で苦しくなってしまいます。また、女性の脚を上げるとクリトリスが埋没し、「なんとなくこの辺」という大味なクンニとなり、女性に歯がゆい思いをさせてしまうので注意。

右手と左手それぞれの親指同士、人差し指同士を合わせ、両手でおにぎり型の輪をつくるようにして、そのままクリトリスの真横に親指をあてがいます。

親指同士のすき間を開くようにして、おへそ方向に斜め四五度の角度で上げてから、**クリトリスを露出させます**。慣れるまでは一気にやらず、まず親指を左右に開いてから、そのまま上にあげて皮を剥くというように、二段階に分けて露出させましょう。

まず、クリトリスの皮を剥く

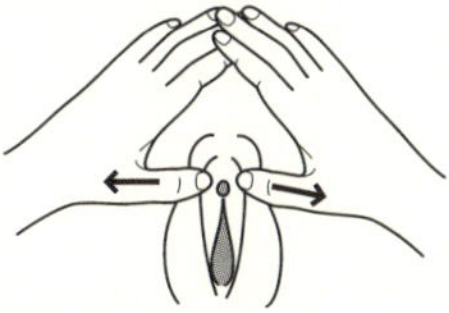

❶両手でおにぎりの形をつくるようにし、クリトリスの真横に親指をあてがい、左右に開く

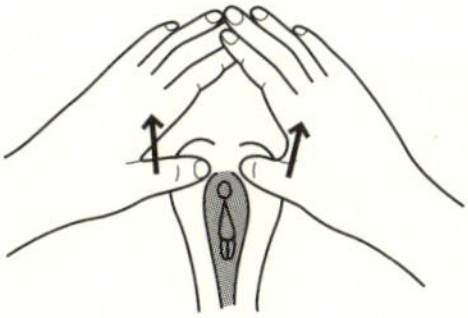

❷上方向に動かし、クリトリスを露出。慣れたら45度の角度に動かし、一度で露出させてもよい

クリトリスが完全に露出したら親指だけで固定しようとせず、手のひら全体を肌に密着させて状態をキープ。目でクリトリスの位置を確認しながら、アゴを突き出すような形で、顔をうずめて舐めていきます。**舌先は力を抜いてやわらかく**、クリトリスから舌先が離れない範囲で上下に動かします。舌が硬くなったり、クリトリスから離れたりすると痛い場合があるので注意しましょう。一点集中で愛撫しますが、弾くような動きは厳禁。〝超ソフト〟なタッチ圧で〝超高速〟な動きを目指します。

　無心になって、ひたすらしゅくしゅくと舐めること。疲れてきたら、上下から左右の動きに切り替えてください。

クリトリスは「皮を剥き、露出させる」が鉄則

クンニでは「皮を剥き、クリトリスを露出」「一点集中」、そして「ソフトなタッチ圧を高速で」の三点が鉄則。これは、指でクリトリスを愛撫するときも同様です。

指による愛撫は、両手を使う場合と、片手で行なう場合の二通り。今回は、初心者でも確実に女性を官能させられる、両手を使った基本スタイルをご紹介します。

正しい愛撫は、正しいポジション取りから始まります。仰向けの女性から見て右側、かつ女性器が自分の正面にくる位置に座り、目でクリトリスを確認できるようにします。長時間でも疲れない体勢をとったら、左手の人差し指と中指の第一関節同士の間にクリトリスを挟むようにして、手を置きます。手のひらは女性の下腹部に密着させてください。とくに各指の肉球（付け根の盛り上がった部分）は引き上げる際に支点となる部分ですからピタッと付け、手をしっかりと固定します。

両手クリトリス愛撫の方法

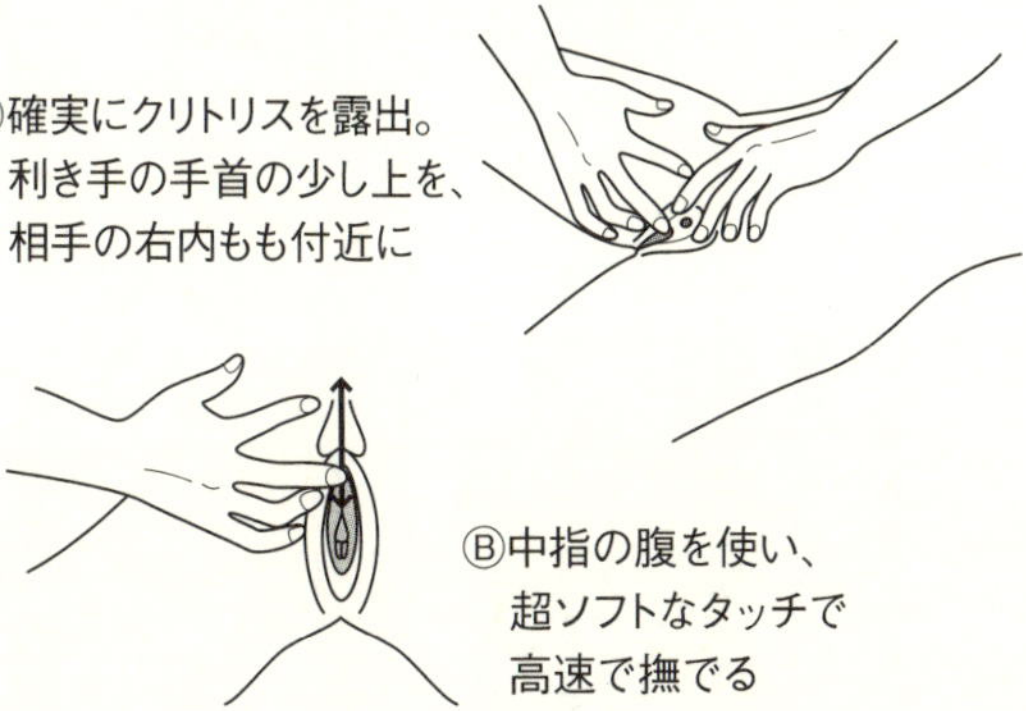
Ⓐ確実にクリトリスを露出。
利き手の手首の少し上を、
相手の右内もも付近に
Ⓑ中指の腹を使い、
超ソフトなタッチで
高速で撫でる

そのままVサインをするように指を左右に開きながら、手前に引き寄せて皮を剥きます。ここで確実にクリトリスが露出しているかを目で確認してください。そこで左手を固定したら、もう動かしません。

次に右手のひらの小指側、手首の少し上を女性の右内もも付近に置きます。ここを愛撫する際の支点にすることで、微妙な圧の調整ができるのです。体重はかけないように注意してください。

中指の指腹を膣口近くの小陰唇に挟みこんで、そこからゆっくりとクリトリス方向に引き上げて、突き当たったところにある突起がクリトリスです。ここを〝超ソフトなタッチ圧、高速で〟撫でていきます。

☑「痛み」が「快感」になる——スクラッチ

アダムタッチをさらに効果的にするための、ちょっとだけ高度なテクニックがあります。〝スクラッチ愛撫法〟です。

スクラッチとは〝ひっ掻く〟という意味で、文字通り、指先でひっ掻くように愛撫するテクニック。まさか、そんなことで女性が感じるわけがない、と思われるかもしれません。しかし、常識をくつがえすところがあるのが、セックスの奥深いところであり、何度愉しんでも飽きない部分でもあるのです。

性的興奮状態にあると、爪を立ててひっ掻いたときの**適度な痛みが、脳に伝わったときに快感として転化されます。**その快感は官能状態にある女性なら、思わず小さく叫んでしまうほどです。

このスクラッチ愛撫は基本的に、アダムタッチと併用してください。

触れるか触れないかの超ソフトなアダムタッチで淡い快感を与えている最中に、不意をつくようにスクラッチ愛撫をはさむ――これがもっとも効果的な活用法です。アダムタッチの合い間、合い間に入れることで感度をさらに鋭くし、愛撫全体を引き締めるという、絶好の〝スパイス〟の役割を果たしてくれるのです。

手を〝熊手《くまで》〟の形になるように、五本の爪の先端を相手の皮膚に対して垂直に立て、指の根元部分を手の甲に対してやや反《そ》りかえらせるのが、基本フォームです。

基本フォームで手を固定して、カラダの筋肉のある部分を、直線的にひっ掻きます。手前に引いても、押し出すようにスクラッチしてもかまいませんが、斜めやジグザグではなく、まっすぐにひっ掻くこと。

力加減は、「蚊に刺されてかゆいところを掻く」くらいの強さ。意外性を演出するわけですから、のんびりとやっても意味はありません。一秒間に三〇センチくらいの速度で、スッと一気に、できるだけ長い距離をひっ掻いてください。

ポイントとしては、太もも裏、ふくらはぎ、足の裏、背中、上腕の内側、前腕の内側がおすすめです。筋肉のない部分は痛すぎるので、ひっ掻かないこと。

☑ 知らず知らずのうちに興奮する〝大人の甘噛み〟

精神的な興奮を高めるには、スイートバイト（甘噛み）という愛撫が効果的です。

普通は「噛むだなんて、愛撫にならないだろう」と思うでしょう。または、スクラッチ愛撫法と同じように、「痛い刺激が快感になるのか」と考えるかもしれません。どちらも少々違います。スイートバイトの極意とは、〝噛んだことを確実に相手にわからせて、精神的な興奮を誘う〟こと。

つまり、刺激を与えるのではなく、〝噛まれた！〟という衝撃を与えるのが最大の目的です。ここで、大人のためのスイートバイトを三つほど紹介します。

【スイートバイト】

①首すじへのスイートバイト（ドラキュラバイト）

女性の首すじ（胸鎖乳突筋《きょうさにゅうとつきん》）に対して真横に歯をあてがい、噛むというよりは上下の歯をグイッとめり込ませてから、ゆっくりと口を締める感覚。美女を襲うドラキュラになったつもりで、ワイルドなパフォーマンスを見せてください

②耳たぶへのスイートバイト

耳たぶのようにデリケートな部分には、上下の歯を使うとアタリが強すぎて痛いので、下の歯を下唇でくるんだ状態にして、上の歯と下唇でカプリと噛むようにする。噛んだまま軽く引っ張って、自然に離れるくらいがちょうどよい

③二の腕へのスイートバイト

二の腕は肉厚で噛みごたえも十分のおすすめポイント。仰向けにした女性の手首をやさしくつかみ、腕を開かせたら、二の腕の内側のタプタプした部分をバイトします。口を大きく開き、口中が愛する女性のお肉でいっぱいになる快感を満喫しましょう

動物の子どもたちが、じゃれ合って咬《か》みつき合うように、〝噛む〟という行為は、愛情表現の一つです。先入観は捨てて、その奥深さを味わってみてください。心とカラダの精神構造は単純ではありません。一見、愛撫にはならないような行為が、すばらしい官能を連れてくることもあるのです。

☑「女性器でエクスタシー」の最大の秘訣とは？

膣内の三大絶叫スポットであるＧスポット、ＡＧスポット、Ｔスポット――これらの女性器愛撫には、成功の秘訣があります。

ちょっと想像してみてください。今、あなたの手元に、近所の百円ショップで買った陶器の壺があるとします。この壺を触ったり、撫でたり、擦ったりするとしたら、あなたはどんな風に扱うでしょうか？

たとえ割れてしまったとしても、たった百円の量産品、また買えば済むことと思って、傷がつくのもおかまいなしに、乱暴に扱う人も多いと思います。

では、もしこの壺に一億円の値段が付いているとしたら、その扱い方はどう変わるでしょうか？　万が一にでも落として割ってしまったり、爪でひっ掻いて傷をつけたりしないように、そっと丁寧に、細心の注意を払って扱いますよね？

女性器を百円ショップで買った物のように扱うのがジャンクセックスならば、同じ女性器を一億円の価値があると思い、慎重に扱うのがスローセックスです。

あらためて言うまでもなく、すべての女性は男性にとって大切で尊い存在です。それと同時に、**女性のカラダはとても繊細で、傷つきやすいもの**です。

スローセックスに関心があるあなたならば、デートのときに女性が重い荷物を持っていれば代わりに持ってあげたり、服を脱がせるときにもはぎ取るなんて乱暴なことはせずに、ブラジャーのホックなどを慎重に外してやるくらいのやさしさはお持ちでしょう。

それにもかかわらず、いざ膣内の愛撫となった途端、突然、荒々しく乱暴になってしまう男性が多いのです。

膣の中を自分で見られないことが、その大きな原因なのかもしれません。見えない部分、あるいは見たことのない部分へは想像がはたらきにくく、女性のカラダがとても傷つきやすいということを、なかなか意識できないのです。

一億円の壺と同じように、慎重に大切に、膣内を扱いましょう。それが女性器愛撫でエクスタシーをもたらす、最大の秘訣です。

☑ 〃動く〃性感帯を確実にとらえるには——膣内の愛撫

膣内の性感スポットとして最初にあげられるのは、かの有名なGスポット。さまざまな雑誌や官能小説でも噂される、評判どおりの大絶叫スポットです。

Gスポットとは、一九五〇年にドイツの産婦人科医グレーフエンベルク博士が発見した膣内の性感帯のことで、博士の名前の頭文字を冠した呼び名です。

この超絶スポットを愛撫することによって、あまりの快感にのたうちまわる女性の姿を、私はもう何百人と目の当たりにしてきました。Gスポットがまさに、夢のような性感帯であることは間違いありません。

クンニリングスが前戯の〃クライマックス〃であるならば、Gスポット愛撫は〃とどめ〃の役割を果たします。**指を使ったGスポット愛撫で、我を忘れて大絶叫するほどの快感をキッチリと味わってもらい、女性に「感じきった！」というある種の達成**

感を持ってもらう。それからようやく交接へと移るのが理想的な流れなのです。

ただ、Gスポットの場所や愛撫法など、巷《ちまた》に出回っている情報は、腹立たしいほどに間違いだらけ。

そのため、せっかくの性感帯を活かすことができていない男性が多いようです。

今までGスポットは、「ゴムホース状になっている膣内の三～四センチ奥、管の上部にある」と信じられてきました。しかし、そもそも〝膣内がホース状になっている〟という考え自体が誤りです。

実際には、膣内は空気の抜けた風船のようになっていて、その中に子宮が収まっているイメージです。形が固定された、ゴムホースのような管状の器官ではありません。

従来の考えのように、〝ホース状の膣の上部〟を押して刺激しようとしても、実際にはやわらかくて形が変化するのですから、同じ場所を同じように刺激することなど不可能です。仮に指をまっすぐに挿入したとしても、刺激を加えようと曲げた途端、その指の形に合わせて膣内の形もまた、柔軟に変化するのです。

カン違いだらけのGスポット情報をリセットして、ここで正しい情報をしっかりとインプットしてください。

我を忘れてしまうほどの〝絶叫スポット〟

男性の多くは、従来の〝指南書〟の図解による固定観念から、〝子宮は女性のカラダの中で固定されている〟と思い込んでいます。ところが、実際の子宮は膣の中で筋肉繊維に吊《つ》るされるように、ハンモック状にぶらさがっています。

ですから、体勢の違いやペニスの挿入角度、挿入の深さによって、上下、前後左右に自由に動くのです。

私がさまざまな体位を展開するのも、単に体勢を変えたいからではありません。ペニスの挿入角度を変えることによって、膣壁と亀頭が当たるポイントや、子宮頚部《けいぶ》（子宮の下部。膣とつながっている部分）とペニスの絡み合いに変化をつけるためなのです。

誤った知識に基づいて愛撫しても、その先にあるのは男性の自己満足か女性の不満だけです。

まずはＧスポットの正しい場所から押さえます。

女性を仰向けにしたら、手のひらを上に向けて、人差し指と中指を膣と平行にしてゆっくりと挿入してください。指が根元まで入ったら、指の第二関節を直角に曲げて指腹を押し当てます。やや硬いところまで行きついたとき、指腹に当たっている場所がＧスポットです。

「やや硬いところ」というのは、恥骨《ちこつ》の裏側部分に当たります。つまり、**Ｇスポットとは膣壁というより、〝恥骨の裏側に張り付いた場所〟にある**のです。

Ｇスポットを愛撫するときの注意点があります。

それは、Ｇスポット愛撫は非常に強烈な刺激を生むため、やりすぎると「**気持ちいい」を通り越して「苦しい」となってしまう**ということです。一〇～二〇秒くらい愛撫したら休憩し、また刺激を加えるということを繰り返しましょう。

慣れないうちは一度刺激したら終了するほうが得策です。また、相手の女性がよほど自然に濡れていない限り、天然系のマッサージ用オイルを使用して摩擦が起こらないようにするのも大切です。

Gスポット「擦らず、圧迫」で最大級の快感！

Gスポットを愛撫するときは、まず仰向けの女性の脚をややM字型に開き、その両脚の間にひざまずくように座ります。右手のひらを上にした状態で中指と人差し指の二本の指先を、軽いタッチでそっとあてがいます。あてがうだけで、まだ入れません。あくまで、「ここを愛撫していくよ」ということを伝えるあいさつの感覚です。

膣口に右手の指を軽く当てたまま、左手の親指を膣口の右真横にあてがい、右に引っ張って膣口をやさしく広げます。広げるのはヒダ状の小陰唇ではなく、あくまで膣口です。もし痛いようなら、一度右手を離し、左手で膣口をマッサージします。

右側を広げたら、今度は親指を膣口の左真横にあてがい、左に引っ張って膣口を広げる。右、左と、ゆっくりと何度も繰り返し、**膣口が完全にゆるんだ感触を得てから、少しずつ右手の二本の指を数ミリ単位で慎重に挿入**していく。最終的に指の付け根の

Gスポットの愛撫法

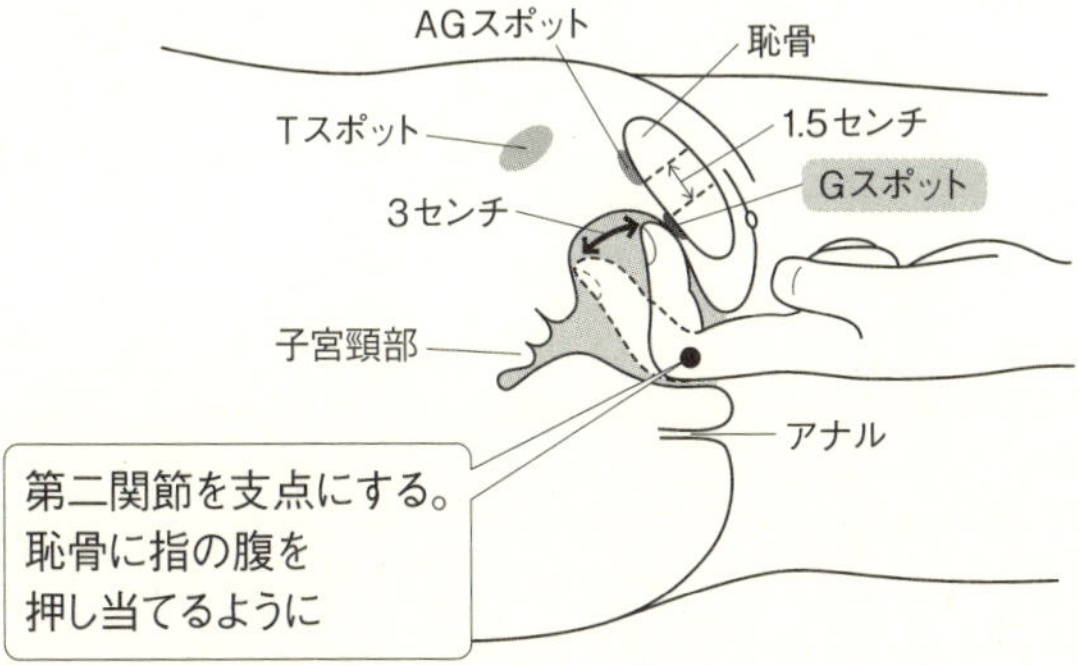

部分まで完全に挿入していきます。

中には指をクルクル回しながらドリルのようにねじ込ませる方もいますが、これは絶対にNG。女性に恐怖心を与え、緊張感を高めてしまいます。そうなるとよけい膣口は硬くなり、さらに痛くなるという悪循環になりかねません。

指先が根元まで入ったら、指の第二関節を直角に折り曲げます。そのまま恥骨に指腹を軽く押し当てた部分がGスポット。「指腹でGスポットをグッと圧してパッと離す」を高速で繰り返し、恥骨に〝圧迫と振動〟を発生させます。第二関節を支点に三～四センチくらいの振幅で指先を動かしてください。

一・五センチ、ちょっと指をずらすだけで……AGスポット

女性のカラダには、Gスポットのさらに上をいく快感スポットがあります。私が十数年前にGスポットの研究過程で発見しました。Gスポットと区別するために〝アダムGスポット〟つまり〝AGスポット〟と名付けた超絶・性感帯です。

その場所はGスポットよりおへそ側に一・五センチ奥（仰向け状態なら恥骨方向に一・五センチ上）。たった一・五センチ足らずの違いですが、その威力はケタ違い。経験した女性は「Gスポットの三倍は気持ちいい！」と口をそろえます。**正確に愛撫できれば、どんな女性でも理性を保つことは不可能**といっても過言ではありません。

AGスポット愛撫はGスポット愛撫と連動して行なってください。Gスポット愛撫が終わったら、そのまま右ひじをゆっくりと下げながら、膣に入れた中指と人差し指の指腹を一・五センチ奥に移動。指の挿入がより深くなるので、右ひじを下げながら、

ＡＧスポットの愛撫法

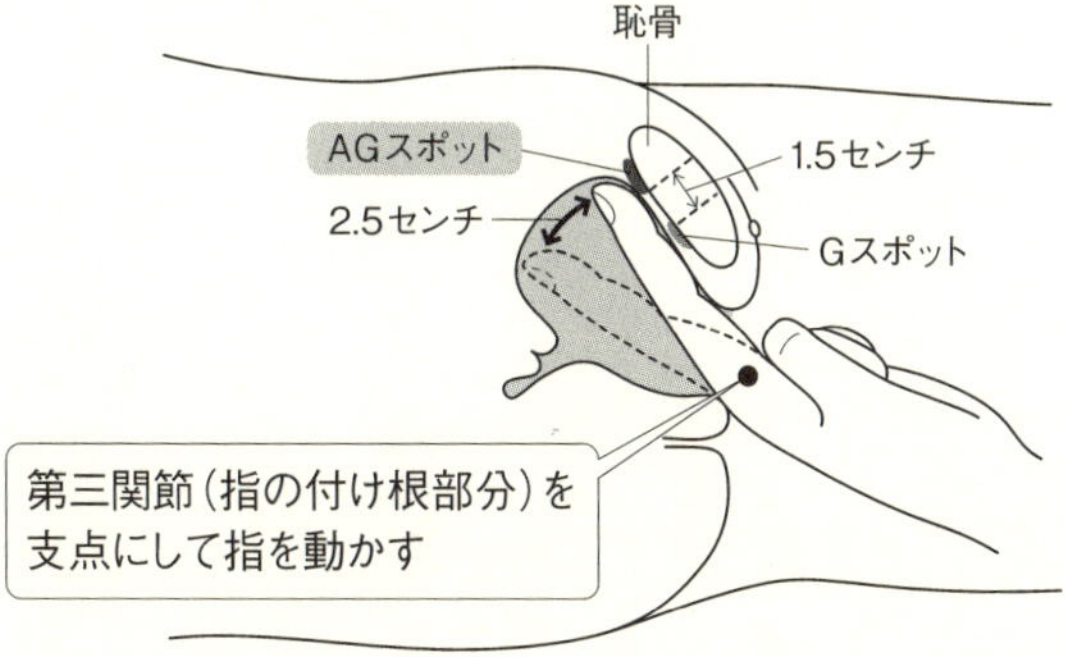

少し手首にも角度をつけて、膣口に指を下から入れる感じにします。

ＡＧスポット愛撫をすぐにマスターできる男性はほとんどいません。すぐできないからとあきらめずに、女性に負担のかからない範囲で、少しずつトライしましょう。

愛撫はＧスポットと同じく、〝恥骨にバイブレーションをかける〟のが基本。二本の指腹でグッと圧してパッと離す〝オンオフ運動〟を高速で行ないます。ただし、ＡＧスポットでは指がほぼ伸びた状態になるので、第二関節ではなく第三関節を支点に。絶対に掻き出さないようにすること。

愛撫時間はＧスポット同様、一〇～二〇秒くらいにとどめておきましょう。

初心者でも〝絶叫オーガズム〟を実現――Tスポット

Ｇスポット愛撫よりも簡単で、コツさえつかめば初心者でも女性を絶叫オーガズムに導ける驚異の愛撫スポット。それが、最強の膣内性感帯〝Ｔスポット〟です。

あまりにも爆発的な快感があるので、Ｇスポット、ＡＧスポットで快感の階段を登らせてから、Ｔスポットに移ってください。また、大絶叫する女性の官能美をもっと見たいと思っても、相手がイキ疲れしないようにくれぐれも短時間で切り上げます。

Ｇスポット、ＡＧスポット愛撫が終わったときの姿勢からスタートしましょう。

右手の中指と人差し指を根元まで挿入したまま、左手で女性の右脚をやさしく持って、ゆっくりと伸ばしてください。次に相手の左ひざに左手を添えます。少しずつ女性の左脚を内側に倒し、その太ももを左手で抱えるようにして、仰向け状態のカラダを反時計回りに九〇度回転させ、横向きに。女性の左脚を直角に曲げ、次に左足首を

Ｔスポットの愛撫法

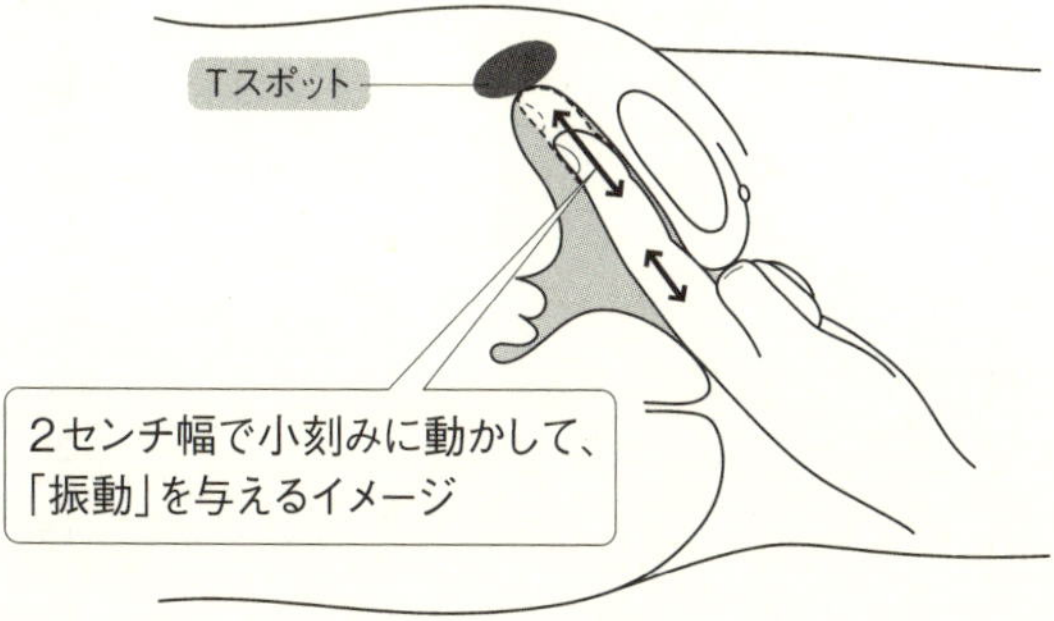
Tスポット
2センチ幅で小刻みに動かして、
「振動」を与えるイメージ

左手で軽く握って、この状態で固定します。

愛撫する二本の指はしっかりとそろえて伸ばし、いわゆるピストル型にしてくださ い。二本の指の指腹全体を恥骨に密着させた状態で、恥骨づたいに指を滑らせつつ、ゆっくりと膣の最深部まで挿入させます。**膣内のもっとも深い部分までいったとき、指先が当たっているのがＴスポットです。**

ピストル型の指先をＴスポットに押し当てたまま、前後に小刻みに動かして、膣壁に振動を与えていきます。膣を突くような格好ですが、ピストン運動とは別モノ。摩擦を発生させるのではなく、Ｔスポット部分を細かく揺らす、つまりバイブレーションをかけるイメージを持ってください。

交接は「ペニスを使った愛撫」と考える

〝愛撫に始まり、愛撫に終わる〟——これが、女性が心から官能し、満足できるセックスです。

女性にとってセックスは「愛し合うための行為」。そこに前戯や挿入といった〝区切り〟はありません。スローセックスにおいても、アダムタッチもクンニもフェラチオも、そして交接もすべて、愛撫の一つの形なのです。

アダムタッチは〝手を使った、全身への愛撫〟です。

クンニとは〝舌を使った、クリトリスへの愛撫〟です。

フェラチオも〝口を使った、ペニスへの愛撫〟となります。

では、射精することを目的にしたジャンクセックスで、「ここからがセックスだ」とされている〝交接〟は、どう考えればよいでしょうか？

それは、**「交接とは、ペニスを使った膣への愛撫である」**――です。

挿入も、数ある愛撫の中の一つ。決して特別扱いはしないでください。

ペニスを挿入するのは、ペニスを使って膣内のいろいろなポイントを愛撫できるからです。これを知るだけで、交接の愉しみ方が一八〇度変わります。

まず気持ちに余裕が生まれます。気持ちに余裕が生まれると、体位によって女性の感じ方、快感の種類が違うこともわかってくるでしょう。

体位を変化させるのは、カラダの組み方を変えるためではなく、ペニスの先が当たる膣壁の場所と角度を変えるため――これが、実感としてわかってきます。

乳首を手で愛撫するように、膣内をペニスでバリエーション豊かに愛撫していく。

それは、射精に突き進むだけのピストン運動をはるかに超えた愉しさです。

愛する女性の官能美を引き出し、目の前で鑑賞できる悦びを快感としながら、最後の最後で、悦びの爆発現象として射精する。それが、すればするほど感じ合える交接の方法なのです。**セックスとは〝射精すること〟ではなく、〝愛撫することそのものである〟**という考えにリセットしましょう。

次項から、膣への愛撫にバリエーションを生む体位をいくつか紹介します。

一体感、密着感、快感を味わう〝座位〟【体位②】

まずは対面座位（137ページ下図）です。これは、〝ザ・スローセックス〟と呼んでもいいほど理想的な「長持ち体位」です。

男性の上体は垂直に起きた状態になります。この姿勢は交感神経と副交感神経がニュートラルな関係を保つため、**興奮が抑えられ、射精モードに突入しにくくなる。**また、腰を激しく動かしづらい体位なので、射精に突き進むことなく、ゆったりとペニスによる膣の愛撫を行なうことが可能です。抱き合う姿勢でお互いを支え合うので、疲れにくいというメリットもあります。これは長時間交接を実践する上でとても重要な要素です。

また、さまざまある体位の中でも、密着度は最上級レベルです。さらにこの体位のすばらしいところは、お互いの顔が向き合っているため、キスや会話といった愛のコミュニケーションが自由に愉しめることです。

今、〝密着度〟、〝キスや会話〟という言葉を使いましたが、女性がセックスに一番求めているのは、実は愛する男性との「一体感」なのです。そして対面座位は、心とカラダの一体感を演出するにはうってつけ。一体感が増せば、それだけ性エネルギーの交流も促進されます。

あらゆる観点から、対面座位はスローセックスに最適な体位なのです。

ここで、性エネルギーの交流にピッタリの腰使いを二つレクチャーしましょう。

一つ目は「ゆらし」。男性は左手を女性の肩甲骨《けんこうこつ》付近にまわして抱き寄せ、密着したままペニスの根元を支点として、前後左右にゆったりとゆらします。くれぐれも腰だけを動かそうとしないで、上半身全体を大きく動かし、波間の船が揺れるようなイメージで、ペニスと膣の穏やかな触れ合いを愉しみましょう。

二つ目は、ゆらしの応用編である「ローリング」です。ゆらしと同じ要領で女性をサポートして、上半身全体を大きくゆったりと回転させます。

ピストン一辺倒では味わえない、カラダの芯からジワーッと淡い快感がこみ上げてくる、まさに遠赤外線効果のような官能をたっぷり満喫してください。

男性主導でうれしい〝抱え騎乗位〟【体位③】

いわゆる対面騎乗位の形から、女性の上半身を男性のほうに引き寄せるように前傾させて、互いに抱擁する――これが「抱え騎乗位」（136ページ上図）です。

男性は仰向けになりますが、この姿勢は副交感神経が優位に立つため、人間が一番リラックスできる体勢です。ヨガでは「屍《しかばね》のポーズ」と呼ばれています。

同じ仰向けでも、騎乗位よりも、抱え騎乗位がいいのはなぜだと思いますか？

両者の最大の違いは、主導権がどちらにあるかです。一般的な騎乗位では、上になっている女性に主導権があります。そのため、女性がいったん本気モードに入って腰を動かし始めてしまうと、男性が「待った」をかけるタイミングを失ってしまいかねません。そうなれば、たとえ副交感神経が優位に立ち、射精が抑制される体勢であっても、女性に「イカされる」危険性が大きくなってしまうのです。

抱え騎乗位では、女性が上でありながら、腰を動かしづらく、主導権は男性にあります。ですから、ペニスの持久力に自信のない男性は、**女性が主導権を握る騎乗位の時間をなるべく少なくするために、一刻も早く女性の上体を引き寄せて、抱え騎乗位に持ち込みましょう。**

男性のリードで、下からゆったりと突き上げるようにピストン運動を行なってください。

この体位は挿入が浅くなるため、亀頭のエッジ部分で、膣口付近を刺激するのに適しています。腰の動かし方のポイントは、亀頭のエッジで膣口を〝圧迫〟するようなイメージを持つといいでしょう。

挿入後、男性はどうしてもピストン運動に夢中になりがちです。それは、前戯と交接をまったく別の行為のように区別して考えているからです。

しかし、前にも書いたように、スローセックスにおいて交接は、「ペニスによる膣への愛撫」と位置づけています。同じ理由で、女性の側から見れば、交接とは「膣によるペニスへの愛撫」となります。

まさに交接は、男性と女性による「相互愛撫・相互官能」の究極的行為なのです。

“股交差側位”はテクニシャンへの近道！【体位④】

射精のコントロールがしやすく、かつ気持ちのいい体位はまだあります。女性の左脚を男性が両脚で挟むようにして交接する「股交差側位」（136ページ下図）です。女性の左大腿部《だいたいぶ》に脚を絡め、女性の右ひざを抱えながら、男性が添い寝をするように上体を倒した体勢。一見アクロバティックに思えるかもしれませんが、女性は片足を開脚するだけですから、カラダが硬くても簡単にできます。見た目以上に局部を密着させやすく、深い挿入を愉しむことができます。

この体位の最大のメリットは、男性も女性もベッドに寝転んだ体勢になるため、お互いにゆったりとした気分で交接が行なえるということです。また、私の実践経験からも言えることですが、「射精コントロール呼吸法」（162ページ）が非常に行ないやすい。というのも、お互いの顔の距離が離れているため、射精をガマンするための呼吸法をしていることを相手に悟られる心配が少なく、イキそうになったら、すぐに射精モード突入を回避することができます。ぜひ、取り入れてほしい体位です。

実践するときのために、交接中の部位別愛撫法をレクチャーしておきます。

①太ももへのアダムタッチ

股交差側位は、正常位や座位のときには触れづらかった太もも内側も、俄然愛撫しやすくなります。広範囲な太もも全域にアダムタッチを行き渡らせつつ、とくに敏感な脚の付け根付近を入念に愛撫していきましょう

②脇腹のアダムタッチ

脇の下から、大腿骨とのジョイント部分までを大きな楕円形に見立てて、「太長い」楕円形を描く意識で、隅々までアダムタッチします。決して腰を動かしづらい体位ではありませんが、腰の休息も兼ねて、臨機応変に取り入れましょう

③顔へのアダムタッチ

意外にも、女性の顔は性感帯の宝庫。とくに頬と、アゴのラインは敏感です。繊細なタッチ感をつくるために、腰の動きを落として愛撫しましょう。唇も高感度な性感帯です。上下の唇を指先でなぞるように。丁寧な愛撫が、女性を感動させます

男性主導で

抱え騎乗位

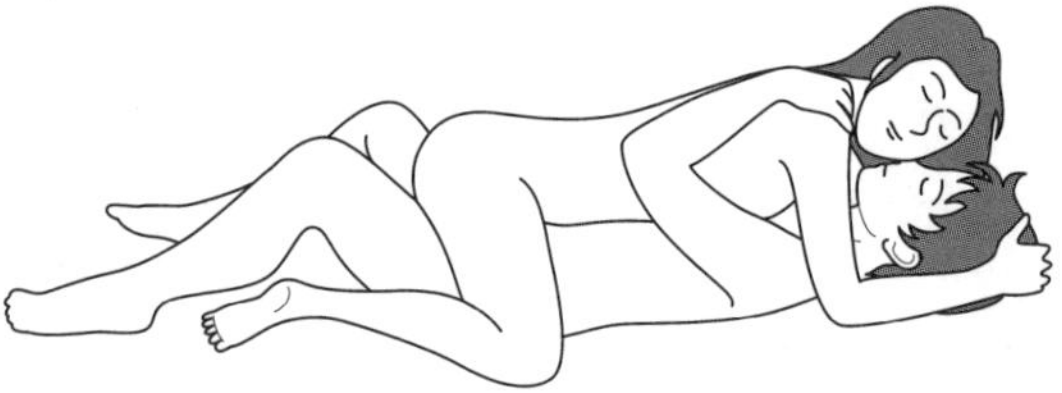

ちょっと上級？

股交差側位

快感がずっと続く「基本体位」

射精をコントロール

対面上体立位

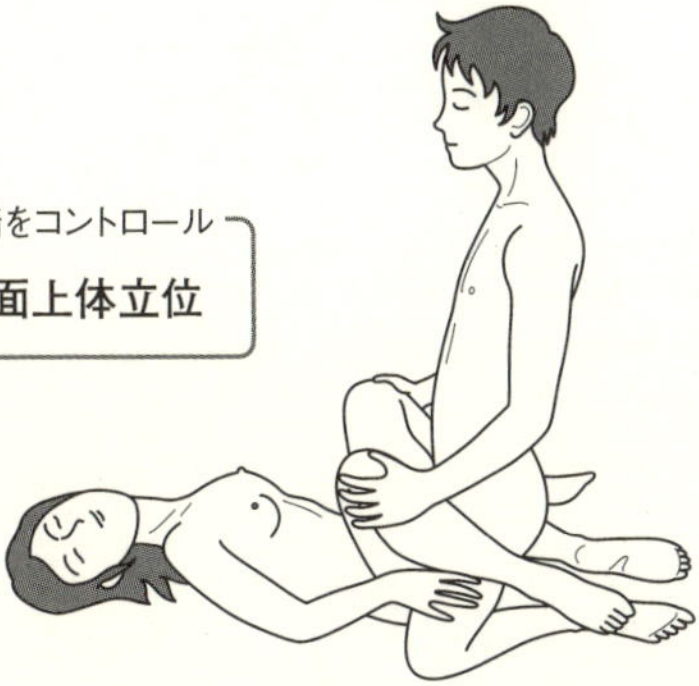

すごい一体感

対面座位

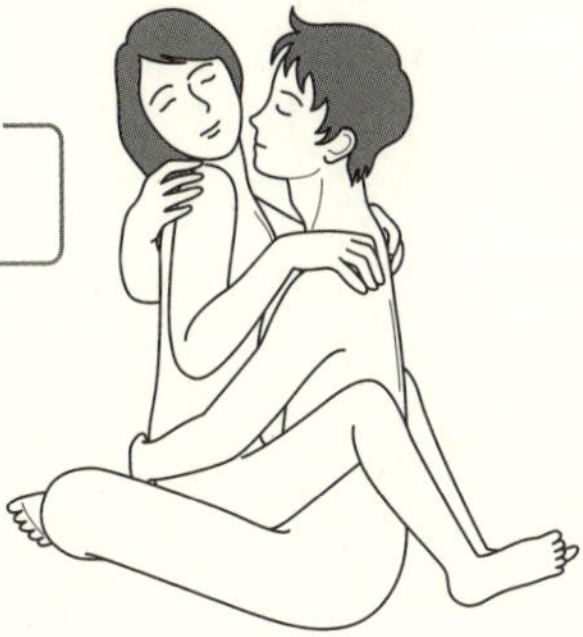

「最高の余韻に浸る時間」に何をするか——後戯《こうぎ》

スクールの受講生から「交接したあとは何をすればいいですか？」と聞かれることがよくあります。交接でフィニッシュしたあとに、再度クリトリスや乳首を愛撫するという、いわゆる〝後戯〟をどれだけすればよいのか、という質問です。

どのレベルの愛撫を後戯と呼ぶのかという定義はさておき、私は**交接でクライマックスを迎えたあとは、もう性感帯を愛撫する必要は一切ない**と答えています。

最後の正常位で互いに快感を大爆発させたあとで、「後戯したほうがいいかな？」と、なんとなく乳首やクリトリスをいじったところで、女性はあまり悦びません。なぜなら、最高レベルのオーガズムを迎えたあとの女性のカラダが望むのは、快感の延長ではなくて、それまでの壮絶なセックスをゆっくりと振り返れるような〝余韻に浸る時間〟だからです。

何度も言いましたが、男性とは違い、女性の心とカラダは密接につながっています。しかし、セックスで官能すればするほど、狂おしく乱れれば乱れるほど、カラダだけがどんどん高いレベルで反応していき、気がつけばあられもない姿で絶叫している自分に気がつくのです。セックスの最中はそれでよいのですが、行為が終わったあと、コントロールできないほど官能した自分の〝女としてのカラダ〟をどう考えてよいのか、とまどってしまうこともあるのです。

あんなに乱れてしまったけれど、相手の男性は驚いていなかっただろうか。はたして私は、〝愛を確認したいから〟セックスをしたのか、それとも〝ただ快感に溺《おぼ》れたいから〟セックスをしたのだろうか。そんな感情にとまどうのです。

ですから、ここでさらに性感帯を愛撫することは、そのとまどいを増長させる危険もあり、避けたほうが無難と考えるべきです。フィニッシュを迎えたら、そのままやさしく手を握りながら、包み込むように抱擁してあげてください。

女性がセックスの余韻に浸るために必要なのは、快感ではなくて、あなたからの愛情です。愛おしく思う気持ちを抱擁によって伝えてあげましょう。そうすることで、女性はあらためて、愛のためにセックスできたことを確信し、深く安心するのです。

☑ もう止まらない！ お互いに触り合う〃ふたりタッチ〃

一方通行の愛撫ではなく、キャッチボールのように、双方向で快感を享受《きょうじゅ》し合うことで、二人の性エネルギーの総和はどんどん大きくなります。そして最終的に、大爆発と表現するにふさわしい、最高のクライマックスを同時に迎えることができる。

そんな「相互愛撫・相互官能」にうってつけの方法が、**男女が互いの性器を同時に愛撫し合う〃ふたりタッチ〃**です。

〃ふたりタッチ〃には、経験度やシチュエーション別に、基本となる体位だけでも一○種類以上ありますが、初心者に一番おすすめなのが、〃添い寝スタイル〃です。

やり方はとても簡単。お互い全裸でベッドに並んで添い寝の体勢になります。女性は仰向けに、男性は女性のほうに横向きになってください。あとは、男性は右手でクリトリスを愛撫し、女性も同時に、右手でペニスを愛撫するのです。

どんなに好奇心旺盛《おうせい》でも、こんなスタイルで互いの性器の触りっこをしたことがあるカップルは、ほとんどいないと思います。それは、互いに愛撫し、互いに感じ合う「相互愛撫・相互官能」の重要性に気がついていない証拠です。

「もっと愛し合いたい」と思うあまり、過激さを演出するアダルトグッズや、ＳＭプレイなどの〝企画セックス〟に走る人がいます。しかし、それは所詮セックスのオプションに過ぎません。一過性の興奮でしかなく、遅かれ早かれ飽きてしまいます。そして飽きたら、より過激なものに走るしかありません。

一方で、ふたりタッチは飽きとは無縁です。なぜなら、相互愛撫・相互官能こそがセックスの本質だからです。日本人がお米を毎日食べても飽きないのと同じで、二人の愛が続く限り、永遠に愉しめるのです。いえ、もしかすると、ふたりタッチが、二人の愛を永遠にすると書いたほうが正しいかもしれません。

〝ふたりタッチ〟を愉しむためには、守らなければならない大切なルールがあります。

それは、絶対に相手をイカせようとしないことです。

セックスの本質である「相互愛撫・相互官能」を最大限に満喫するコツは、〝六～**七割の快感を愉しむ**〟こと。愛撫競争でもなければ、イカせっこ競争でもありません。

時間を忘れさせるような愛撫――お見合いラブタッチ

ここで一つ、おすすめの〝ふたりタッチ〟のスタイルを紹介します。

ふたりタッチの愉しさ、奥深さ、気持ちよさが実感できて、「こんな〝感じ合うことを愉しむ〟セックスがあったのか！」と目からウロコがぽろぽろと落ちる、〝お見合いラブタッチ〟です。

用意するものは、マッサージ用オイルだけ。

まず、男性がベッドに脚を伸ばして座ります。そして左手を後ろについて、上体の体重を支えてください。女性は向き合う格好で男性の太ももの間にお尻をつき、両脚を男性の脚の上を通すように伸ばします。そして同じように左腕を後ろについて、上体の体重を支えます。つまり、挿入なしの〝上体開き座位〟という格好です。

それぞれの右手を自由に使えますので、お互いの顔を見ながら、互いの下半身のほぼすべてを愛撫できます。基本的に男性は女性のクリトリスを、女性は男性のペニスを愛撫していきます。

女性の愛液が足りないようでしたら、必ずマッサージ用オイルを使用してください。中指全体で小陰唇をやさしく撫でて淡い快感を与えたのち、指の腹で下から上へとクリトリスを撫でていきます。

膣口に少しだけ指を入れて軽くロールさせたり、ゆったりとしたリズムでGスポットを愛撫するのもありです。相手の反応を見ながら、いろいろと試しましょう。

一方、女性は必ずペニスにオイルをたっぷりと塗ってあげてください。

それから手で愛撫していくわけですが、ポイントは〝**しごくのではなく、こねる**〟ということ。よくペニスの〝茎《くき》〟の部分をゴシゴシとしごく女性がいますが、それは単に射精をさせるための動き。本当に気持ちがいいのは、オイルを塗った亀頭をニギニギしたり、カリ首（陰茎と亀頭の間のくびれた部分）をクルクルと撫でたりする愛撫なのです。

互いにイカせることではなく、感じること自体を愉しむこと。「気持ちいいね」などと会話を交わしているうちに、三〇分はあっという間です。

☑ ラブホテルで「女性から入室させる」意外な効果

私は一〇〇〇人以上の女性と〝セッション〟を繰り返してきました。ではどこで実践してきたかというと、セックススクールのベッドではありません。いつもステージはラブホテルです。ですから、言ってみれば私は、〝ラブホテル使いの達人〟でもあります。なにせ、これまで一〇〇〇回以上、利用してきたわけですから。

女性の感度をグーンと上げるために重要な、ラブホテルでのエスコート術。それは**〝一歩ホテルに入ったら、女性をお姫様、女王様として大切に扱う〟**こと。これにつきます。

道徳的なアドバイスをしているわけではありません。この考え方が、女性を大絶叫させるセックスに確実につながるのです。

ラブホテルは日常生活から切り離された別世界です。日頃どんなに尽くしてくれる彼女や奥様だったとしても、あなたが普段どれほど亭主関白だったとしても、この世界に入ったら、女性をお姫様、または女王様として扱ってください。

心得だけでは効果はありません。紙幅の都合上、エスコートの最初の部分だけになりますが、具体的にいくつかアドバイスしましょう。

まずは入室。まさか、あなたから先に部屋に入っていませんか？　「女性に先を譲る」が常識です。

部屋に入ったら、テレビでAVなど流したりせず、有線放送でジャズなどの音楽を小さい音量でかけます。彼女の上着をハンガーに掛けてあげたら、冷たいドリンクなどで喉を潤してもらい、リラックスさせます。

その後も、女性がカラダを洗っているうちに、アメニティグッズやバスタオル、ガウンをビニール袋から出して、すぐに使えるようにしたりといった、一見どうでもよさそうに思える〝小さな気遣い〟をスマートに積み重ねていきます。この積み重ねこそが、存分に官能させるために欠かせない〝心の環境づくり〟となるのです。

「きれいだね」「可愛いね」といったほめ言葉を添えながら、実践してください。

それだけでも本当に、ビックリするくらい、感激してもらえるのですから。

☑ バスルーム「本番への期待感」がイヤでも上がる方法

せっかくラブホテルに行ったのに、バスルームをそれぞれがカラダを洗うためだけに使うなんて、これほどもったいないことはありません。私に言わせれば、それはエクスタシーへの切符を、みすみす破り捨てているようなものです。

ベッドでのエクスタシーの秘密は、バスルームでの愛撫にある。そう言ってもよいほど、上手な〝バスルーム愛撫〟はセックスの質を何倍にも高めてくれます。

かといって、お風呂でセックスせよというのではありません。

スローセックスにおけるバスタイムとは、〝ベッドでのセックスの予告編〟です。

ベッドでのセックスが映画でいう本編だとすれば、バスタイムは本編のハイライト部分を編集した、短い予告編にあたります。

この予告編を見せられることにより、女性はベッドでのセックスに期待をふくらませ、それがそのまま高レベルの官能を引き出すきっかけになるのです。

その効果は、絶大です。たった一五分足らずの予告編を愉しんだあと、ベッドでアダムタッチを始めるやいなや、絶叫しながらイってしまった女性もいました。

要点を簡単にお伝えします。まず、お湯の温度はのぼせない程度（四〇度くらい）に設定します。バスタブでは基本的に、男性が女性を後ろから抱っこする体勢に。そして、後ろから太ももや背中、乳房をサワサワとアダムタッチしていきます。ベッドでは各パーツを何度もタッチしていきますが、ここはあくまで予告編。基本的に各パーツを二〜三回タッチすれば十分です。感じさせるのではなく、目的は〝エッチモードのスイッチを入れること〟。アダムタッチをしながら、「きれいな肌だね」とか「可愛いなあ」と耳もとでほめたり、肩にキスしたり。

相手がエッチモードに入ったら、乳首を軽くつまんだり、こねたりしてください。

「もっとしてほしい」と相手が願ううちにやめるのが極意です。

同様に、陰唇やクリトリス、アナルへのタッチ、乳首吸い、クンニと、交接以外のひと通りを行ないますが、いずれもちょっとずつにしておくこと。このいやらしいほどに徹底したジラしが、のちに驚異的なオーガズムを巻き起こしてくれるのです。

タブーの解禁が「引き金」になる――アナル

セックスを愉しむために「自己解放」することは必須条件です。そのためにも、女性の羞恥心《しゅうちしん》を克服し、**セックスのタブーを解除してあげるのは、男性の使命**です。

さて、アナルは、女性にとって「一番見られたくない」禁忌《きんき》の場所です。しかし、だからこそ裏を返せば、〝アナルの解禁〟が、自己解放の近道になりえるのです。アナルの攻略は、何もタブーの解除のためだけではありません。一般にはあまり知られていないことですが、実はアナルは女性の乳首よりも高感度な性感帯なのです。

セックスの醍醐味を増やすためにも、ぜひとも発掘すべきお宝です。〝変態〟とか〝非常識〟といったネガティブな意識に惑わされず、貪欲に快感を貪《むさぼ》り合うのがセックス。たった今から、アナルへの愛撫は、愛の絆《きずな》をより強くするための、愉しいイベントだと頭を切り替えてください。

最初はソフトなところで、〝アナル舐め〟からチャレンジ。お互いにアナルを舐め合い、その独特の快感を共有できる関係をつくれると、セックスはドラスティックに変化します。羞恥心やタブーが、逆に興奮材料として快感を増大させるのです。

ただ、アナル舐めに抵抗感を覚える女性は少なくありません。そんなときにおすすめなのが、**〝アナル開き〟**というテクニックです。

ポジションは女性の横にとります。中指と薬指の二本をアナルの真横にあてがい、お尻のお肉をつかんだ状態で、さらにグッと手首を返すようにお尻のお肉をめくり上げながら指でアナルを露出させる羞恥テクニックです。女性も、まじまじとアナルを見られているわけではないので、行為を受け入れやすくなります。とはいえ、男性にアナルを開かれていることには変わりありません。抵抗感の低さと、実際に行なわれていることのギャップの妙が、禁断の扉を開けやすくします。

もう一つおすすめなのが、**〝アナルバイブレーション〟**です。アナルの真横に指をあてがい、指を小刻みに動かしてアナルを刺激します。バイブレーションを利用することで、直接触れることなくアナルを愛撫できるので、アナル処女の羞恥心を性的好奇心へと転換させるにはうってつけのテクニックです。

4章

「男としての能力」を100%引き出す！

——「早漏克服」簡単トレーニング

女は「セックスが上手な男」を愛する

私はスローセックスを研究するために、その趣旨に賛同してくださった数百人の女性たちともセックスをしてきました。その過程で「セックスは大嫌い」と言いきっていたOLや、「イッたことがない」という人妻が、私の目の前では顔を紅潮させてあえぎ、官能する姿に見とれてきました。

ところで、そうして官能してくれた女性たちには、ある共通した反応があります。それはモニタリングの前には、アダム徳永自身に対し男性としての関心はないと言っていたはずの女性たちが、心底官能できたあとでは、私に対して「愛情」のようなものを抱いてくれているということです。もちろんそこは大人同士ですし、研究に協力した立場であることは百も承知。それなのに、心のほうが勝手に「官能させてくれた男性を愛しなさい」とささやきかけるのでしょう。

私は何も、自慢話をしているのではありません。もしあなたが本当のスローセックスを身につけたなら、私と同じように、**「官能してくれた女性から愛される」ようになれる**のです。

女性は男性以上に、肉体で感じたことが心にも反映される特長を持っています。「性の悦び」は「心の悦び」であり、その悲しみは心の悲しみになります。女性の心とカラダは無形のラインでつながっていて、男性のように「性欲処理中は心なんて関係ナシ」では済まされません。

逆に言えば、「セックスで本当に官能してしまうと、その男性を愛さずにはいられない性」を持っているということ。だから、その自己防衛本能として、自分を大切にしてくれる男性、思いやりやいたわりのある男性の愛撫にしか、深い快感を覚えないシステムになっている。

あなたが女性に心底愛されたいと思うのであれば、男性である自分の能力に目覚め、それを全開にしておく必要があります。

それは女性のカラダに施すテクニックを身につける以前に、必要な鍛錬《たんれん》かもしれません。あなたの〝男性力〟をここでパワーアップさせておきましょう。

☑ スローセックスは「男を上げる」一番確実な方法

世の中にコンプレックスのない人などいません。

誰もが何か他人には気軽に話せないコンプレックスを抱えています。身体的コンプレックス、学歴コンプレックス、経済的コンプレックス……。それぞれ、自分のコンプレックスに境遇の不運や、負《お》い目を感じているでしょう。

一概に、パーソナルなコンプレックスを他人が重い軽いと区別することはできません。ただ、女性を思うようにイカせられないとか、早漏といった悩みが、世の中に無数にあるコンプレックスと同じかといえば、それも違います。

私が日々、スクール受講生の男性たちと接していて痛感するのは、セックスのコンプレックスほど男性から自信を奪うものはない、ということです。性的な悩みは、走るのが遅いとか、歌が下手《へた》とか、数学が苦手といった弱点とはまったく次元の違う、計り知れない大きさのダメージを男性に与えているのです。

性的なコンプレックスは、〝バネ〟にはなりません。

たとえば勉強が苦手なら、スポーツや音楽を頑張ってプロの道を目指すとか、貧乏な家に生まれたら、その悔しさを糧《かて》に起業家として立身出世するなど、人間はコンプレックスをバネにして頑張れる力を持っています。目指した道で成功すれば、それが自信となり、コンプレックスが一〇〇%解消されるとは言わないまでも、矜持《きょうじ》が生まれ、いたずらに他人を羨《うらや》ましがることもなくなります。大成功とはいかなくても、何かに向かって努力した経験は自信となり、その後の人生を力強く生きていける。別の分野に目を向けることで、弱点を補完することができるのです。

けれども、性的なコンプレックスは、他の何かでは補いようがありません。男性からすべての自信を奪い去り、セックスに自信がない↓恋愛に消極的↓愛のない生活↓人生がつまらない、という不幸の定型パターンに陥ってしまいます。

しかし、裏返せば、セックスのコンプレックスを克服できれば、人生が一八〇度変わるほどの**「最大級の男の自信」**を手にできるということ。

正しい知識と技術を学び、トレーニングを積んで、弱点は克服する必要があります。

☑「一時間以上でも平気」はなぜ可能か——早漏の克服

早漏の克服は現代の元服式《げんぷく》です。

まずは「病気だから治らない」とか「体質だから変えられない」といった、従来の間違ったイメージを頭の中から消し去ってください。

早漏は単なる現象に過ぎず、決して病気ではありません。

つまり「治す」ものではなく、トレーニングという努力によって「克服」するものなのです。悪いイメージはトレーニングの邪魔にしかなりません。

もう一つ、記憶から消去していただきたいものがあります。それは、これまで男性社会の中で「これをすれば早漏が治る」と信じられてきた、早漏克服法と名が付くものすべてです。たとえば、ことの最中に天井《てんじょう》のしみを数える、畳《たたみ》の線を数える、頭の中で九九を暗唱、早漏防止クリームを塗る、お酒を飲む、心理療法、セックス前に一発抜いておく、イキそうになったら玉袋を引っ張る、ペニスを乾布摩擦する……といったところでしょうか。ちなみに私はかつて、今挙げた方法をすべて試しました。そして木《こ》っ端《ぱ》みじんに玉砕《ぎょくさい》しました。

私に限らず、早漏に悩む男性はそれぞれ涙ぐましい努力をされます。しかし、期待したような効果が出ないため、結局あきらめてしまう。さんざんいろんなことを試したものの、全部がダメだから、「体質だから、もう治らない」と、あきらめモードに入ってしまう。これが、男性から自信を喪失させるパターンです。しかし、違うのです。何を試してみてもよい結果が出なかったのは、あなたの努力が足りなかったからでも、あなたの体質のせいでもありません。方法が間違っていたのです。

今、世の中でまことしやかに語り継がれている「早漏克服法」なるものは、すべて間違い。正しい早漏克服法を開発して、私自身が積年の悩みを解決したとき、それに気がつきました。

あらためてはっきりさせておきます。正しいトレーニングをすれば、必ず早漏は克服できます。誰でも、〝三擦《みこす》り半〟で果てていたのを「一時間以上でも平気」に変えることができる。これが真実です。元・超早漏の私の言葉を信じてください。

「感じる力」をコントロール――これで無敵に

早漏に悩む男性が、なにはともあれまず考えることは、

「今よりも少しでも長持ちできるようになりたい」

ということです。その願いの切実さは、私もよくわかります。一分でも、いや一秒でいいから長持ちさせたい。超早漏時代の私も、同じことを考えていました。

けれども早漏の問題は、単純に挿入時間の長短で考えるべきではありません。遅漏男性の苦悩を例に出すまでもなく、長ければいいというものでもないのです。イカないように恐るおそる腰を動かして、二〇分ガマンできたとしても、それには何の意味もありません。男女ともに不完全燃焼の時間がいたずらに延びるだけです。

そもそも早漏に悩む男性は、自分のペニスの性能に関して根本的な部分で誤解をしています。挿入するとすぐに射精してしまうペニスを、「なんて劣等生なペニスなん

だ」と思っています。「能力が低いから、すぐに射精してしまう」と。

まったく逆です。早漏という現象が起きるのは、能力が低いどころか、ペニスの「感じる力（＝性的感受性）」のレベルが高いからなのです。ペニスの感度が、あまりにも高すぎるため、管制塔である脳がコントロールできていないのです。だから微弱な刺激にたちどころに反応して、管制塔の指令が間に合わずに、暴発してしまう。これが早漏のメカニズムです。

早漏の男性は、まず「感じる力が超優秀である」という自分の才能を自覚してください。要は、生まれつきセックスを存分に愉しめる体質だということです。

その上で、次項からのトレーニングによって養うべきスキルは、長持ち力ではなく、射精の「コントロール力」、ただそれ一つです。もともと、優秀な性的感受性を持っているからこそ、コントロール力さえ身につければ、〝無敵〟になれます。

今まではセックスの価値観もガラリと変わります。にわかには信じられないかもしれませんが、射精を自由自在に操れるようになると、射精にそれほどこだわらなくなります。今までは射精にとらわれて見えなかった、射精の向こう側にある本当の官能の世界を知ることができるからです。

「快感に〝脳〟が負ける」が早漏の一大要因

セックスで快感を覚えることを、「感じる」と言いますが、感じるのは人間のカラダのどこでしょうか？　本書をここまで読んできた方には簡単な問題ですね。感じるのは脳です。しかし、こんな明らかな事実であっても、つい感覚的に「皮膚が感じている」という錯覚をもってしまいがちです。

この錯覚こそ、早漏がなかなか克服できない要因の一つです。私もこれで、さんざん失敗した口です。「早漏なのはペニスが弱いからだ」↓「ペニスを鍛えて強くすれば、快感に耐えられるはず」と、考えてしまったのです。

はたして私は、乾いた雑巾で皮が剥けるほど亀頭をゴシゴシ擦ったり、裏スジを力いっぱい引っ張って伸ばそうとしたりと、本当にペニスには悪いことをしました。感じているのはペニスではなく脳なのに……。

後ほど紹介する「亀頭強化トレーニング」は、「強化」といっても刺激に強いペニスをつくることが目的ではありません。拳を鍛えるために瓦《かわら》やレンガを割る空手家の修行や、野球選手が何回も素振りをして手のひらの皮が厚くなるといった、フィジカルなトレーニングではないのです。どんなことをしても、ペニスの皮は厚くなどなりません。

物理的な刺激に対して強くなるのではなく、**「快感」に耐えられる脳神経をつくり、上手にコントロールする力をつけることが、亀頭強化トレーニングの最大の目的**なのです。

早漏克服のトレーニングは、その道程《どうてい》にいくつか乗り越えなければならない壁がありますが、決して修行僧の苦行のようなものではありません。常に快感が隣にいてくれる、気持ちのいいトレーニングです。

そして、ここがとても大切なのですが、「快感を長く愉しむ」ことで、「快感に耐えられる脳」が形成されていくのです。

繰り返しますが、鍛えるべきはペニスではなく、脳です。トレーニングを始める前に、このことをしっかりと頭に叩き込んでおいてください。

呼吸法「短く吸い、長く吐く」で射精をコントロール！

早漏克服のトレーニング法には、「呼吸法」「亀頭強化法」「アナル締《じ》め」の三つがあります。最初にご紹介するのは、三つの中で最も重要な「呼吸法」です。

呼吸は、射精を司《つかさど》る自律神経と密接な関係があります。自律神経は、興奮を喚起し射精に走らせる「交感神経」と、リラックスをうながし射精を抑制する「副交感神経」の二つに分かれます。ここからが重要なのですが、人間のカラダは、息を吸うときには交感神経が、息を吐くときには副交感神経が優位に働きます。つまり、射精を遅らせるには、いかに副交感神経を優位に立たせリラックス状態をキープさせるかがポイント。無意識にしていた呼吸を、**「息を吸う時間を短く、吐く時間を長く」と意識的な呼吸に変えるだけで、射精をコントロールできる**ようになるのです。

これから紹介するのは、この自律神経のコントロールに、ヨガの呼吸法をミックスさせて開発した独自のトレーニング法です。

【射精コントロール呼吸法】

①椅子に腰かけ、背筋をピンと伸ばし、顔を正面に向け、目を閉じる
②約一～二秒の短い時間で、鼻から一気に息を吸う
③息を吸うときは、頭部に肺があるとイメージし、〝お尻の穴から吸い上げた空気が、背骨の管を通って、頭部の肺に吸い上げられる〟ように
④鼻から、約一〇秒かけて、ゆっくりと細く長く息を吐く
⑤次の二秒で、お腹を凹ませながら、完全に残りの息を吐き切る
⑥息を吐き切ったら、三秒間呼吸を止める
⑦②に戻り、射精欲がおさまるまで何度も繰り返す

早漏克服に、呼吸法のマスターは絶対不可欠です。あせる必要はありませんが、カラダが覚えるまで繰り返し練習してください。日頃のマスターベーションをトレーニングの時間とし、射精したくなったら手を止めて、呼吸法を行ないましょう。最低でも、一五分以上はマスターベーションを続けられるようになってください。

☑ 快感に「慣れさせる」亀頭強化法

亀頭を強化する愛撫法は、以下の通り三種類あります。

【ローリング愛撫法】

①亀頭と右手に十分にマッサージ用オイルをなじませる
②皮をしっかりと剥き、皮が戻らないように、ペニスの根元を左手で固定する
③右手のひらを開き、手のひら中央部を亀頭に当てる
④手のひらと亀頭の密着面積がなるべく大きくなるようにして、手首を使って手のひらの角度を変えるようにローリングさせて、亀頭全体を愛撫していく

【指しぼり愛撫法】

①自分の右手を女性器に見立て、ペニスをピッタリサイズの膣に挿入しているイメージで包み込み、ゆっくりと上下させる

②親指と人差し指でつくった輪の内側でカリを引っかけるように、手を引き上げる
③そのまま亀頭を摩擦しながら手を上げていく。中指、薬指、小指の順に指をしぼり、ギリギリまで亀頭を締めつけるように愛撫。下げるときは、その逆で

【亀頭エッジ愛撫法】
①親指と人差し指が、約九〇度になるように開く
②親指と人差し指の間にできる薄い皮の部分で、亀頭のエッジ（カリ首）をやさしく丹念に擦る。エッジ全体を愛撫するように、手首の角度を適時変えていく

いずれも、〝サオ〟の部分を強く握って亀頭も皮も一緒くたに愛撫する方法とは違います。ポイントは、「亀頭をメイン」にした「超ソフトな愛撫」だという点です。

歯を食いしばって快感に耐えるのではなく、快感に慣れ親しんでください。

射精しそうになったら、ペニスからパッと手を離して呼吸法で射精モードを鎮めましょう。この動作を一回や二回ではなく、一〇回でも二〇回でも繰り返してください。

そしてマスターベーションの時間を一五分、二〇分、三〇分……と長くしていくことで、確実にあなたの脳は、快感に強い脳へと鍛えられていきます。

〝アナル締め〟で射精モードをストップ！

呼吸法と亀頭強化トレーニングを学んでいただいたところで、最後にもう一つ、とっておきの秘儀を伝授させていただきます。

それが、「アナル締め」です。

アナル締めを行なうタイミングは、呼吸法を行なった直後。「短く一気に息を吸って〜、ゆっくり長く息を吐いて〜」のあとで、お尻の穴をキュッキュッキュッと、速いテンポでリズミカルに一〇回締めてください。

射精モードに入るのは副交感神経優位の状態から交感神経優位に変わるときです。ただ、そもそもペニスを勃起させるには、リラックスして副交感神経を優位に働かせる必要があります。お尻の穴を締めるときは、筋肉を緊張させているわけですから、交感神経が優位になります。アナルとペニスは隣接しているので、アナル付近で交感神経が優位に働いている影響がペニスに及び副交感神経を弱めるためペニスが萎《な》える。したがって、**アナル締めを行なうことで、勃起自体を抑制することができる**のです。

〝吸って、吐いて、アナル締め〟。これをワンセットとして、イキそうになるたびに、三～四セット行なってください。そしてペニスが萎えそうになってきたところで、ペニスの愛撫を再開しましょう。

一つ注意点があります。それは、アナル締めをやりすぎると、男性によっては、ペニスが完全に萎えてしまって、しばらく勃起しなくなるケースがあるということです。それほどアナル締めには射精を抑制する効果があるという証拠なのですが、ペニスが完全に萎えてしまったのでは、肝心のトレーニングに支障をきたします。

アナル締めの効果が出過ぎる場合は、回数を一〇回から五回に減らしたり、アナル締めはほどほどにして呼吸法に専念するなど、自分の体質に合わせて調整して、トレーニング法を各自カスタマイズしてください。

基本を学んだ上で、自分に合ったオリジナルのノウハウを構築していくことは、効果を上げるためにも、トレーニングを長続きさせるためにも、とても重要なことです。

マスターベーションで「楽しみながらトレーニング」する方法

男性のマスターベーションには、二つの意義があります。一つはもちろん性欲解消ですが、もう一つは何だと思いますか？　それはセックスのトレーニングです。

性欲解消だけを目的にして、もう一つの大切な目的である「トレーニング」という視点がすっぽりと抜け落ちている男性があまりにも多いのは、とても残念なことですし、もったいないことです。

趣味でもスポーツでも仕事でも、もっと愉しみたい、もっと極めたいと思えば、誰もが当たり前のようにトレーニングをします。この道理はセックスでも同じなのですが、なぜかセックスではこの当たり前のことができていない人が多いのです。

たとえば早漏男性のほとんどは、セックスの挿入時間だけでなく、マスターベーションの時間もあっという間です。もっと長くセックスを愉しみたいと思っていながら、トレーニングにうってつけの機会を、スッキリするためだけの時間として浪費している矛盾が、早漏克服を遅らせていることに気づいてください。

【疑似セックストレーニング】

①その日の目標持続タイムを設定する
②全裸になり、右手とペニスにオイルを塗ってスタンバイ
③ベッドにうつ伏せになり、やや半身の体勢をとる
④オイルを塗った右手をホール状に丸めて、ペニスを挿入する
⑤手の甲の部分をベッドに密着させて固定し、手は動かさずに、腰だけを動かす
⑥イキそうになったら、呼吸法とアナル締めで回避する
⑦目標タイム達成まで、⑤と⑥を繰り返す
⑧目標タイムをクリアしたら、射精モードに突入し、存分に射精の快感を愉しむ

自分の右手を女性の膣だとイメージして、できる限り実際のセックスの状態に近づけましょう。成功者と呼ばれる人は、必ず人知れず努力をしています。成功は努力の成果。疑似セックストレーニングは、まさに「隠れた努力」です。

ときには女性に「攻める悦び」を教える

男の能力とは、精神的な懐《ふところ》の深さ、心の大きさのことでもあります。

〝男は攻め、女性は受け身〟がセックスの常識だと信じて疑わない男性の中には、女性からの愛撫の申し出を極端に嫌がる人がいます。また、愛撫を受けても、〝感じてないフリ〟を貫こうという頑固者もいらっしゃいます。日本男児たるもの、女のようにギャーギャーあえぐのは男らしくない、といったところでしょうか。

そのような考えは、セックスを愉しむという観点から見れば、前時代的な固定観念にすぎません。

男性は女性の感じる姿を見て興奮しますよね。そして女性が狂おしく官能する姿を見ると、攻める悦びを感じます。実は、それは女性もまったく同じなのです。

女性も男性の感じている姿を見れば、興奮が高まります。興奮が高まるということは、脳が性的な刺激に敏感になるということですから、女性の感度もアップするのです。そして感じれば感じるほど、自分も男性を感じさせてあげたいという欲望が目覚めます。これはすべての女性の脳に等しくインプットされている本能です。

この欲望を全開にさせてあげる精神的なエスコート力もまた、射精のコントロールと同様に、男性が身につけるべき能力の一つ。

つまり、**女性に「攻める悦び」を教えることができる男性こそ、本当の達人**なのです。そのためには、〝あえぎ声を出すのは女性〟という固定観念を捨てて、気持ちよければ男性側も大いにあえぐ。その心の大きさを身につけましょう。

私などは女性からペニスを愛撫されるやいなや、快感のおもむくままに「ああ気持ちいい！」「うぉ～～～！」などと思い切りあえぎます。初めは驚く女性もいますが、すぐに、もっとあえがせようと夢中になって愛撫してくれます。そしてその女性自身もすべてを全開にして感じてくれるのです。

本来女性とは、男性以上にスケベな生き物です。

女性の理性を解除するカギの一つが、男性も〝あえぐ能力〟を身につけるということなのです。

5章

〝最高！〟まで達する スローセックスの極意

——二人で「感度を高め合う」一番いい方法

スローセックスで「一生、愉しみつくせる」理由

今までのセックス技術は、どれもが「一時的な流行」として扱われるものばかりでした。にもかかわらず、スローセックスはなぜ、これほどまでに、長い間、多くの男女から支持され続けているのか。

それは、スローセックスは単なる「ベッドの上での話」などではなく、最終的に〝幸福を実現できるセックス〟だからです。〝イク・イカない〟というレベルではなく、人と人とのコミュニケーションに根ざしたセックスだからです。

セックスは、愛する者同士の最高のコミュニケーション。そこには言葉を超えた心と心、カラダとカラダの会話があります。満たされたセックス生活が、恋人や夫婦にもたらす幸福は計りしれません。

とはいえ、ただセックスだけうまくいっていれば、それで幸福になれるわけではな

い。たとえば、妻に何かをしてもらったら「ありがとう」と感謝する。夫が出勤するときには、たとえケンカ中だったとしても、ちゃんと「いってらっしゃい」と送り出してあげる。そういった、思いやりや礼儀、大人と大人のコミュニケーションの蓄積が必要です。

スローセックスはその日常のコミュニケーションの延長線上にあるものであり、また、その関係をより豊かにしていきます。

スローセックスが長年、絶大な支持を受けるもう一つの理由。それは、〝同じ異性とずっと一緒に育てていけるセックス〟だからです。

なぜ男性は、同じ女性と何度もセックスを繰り返すうちに、飽きてしまうのか。

理由は、セックスの悦びを単にカラダ（脳）の興奮に頼っているからです。だから、同じ裸を何度も見るうちに飽きる、興奮度が下がると勃たなくなってしまう。

スローセックスは二人で〝育てる〟ことができます。繰り返すごとに、女性の感度が上がり、新たな発見がある。そして、女性だけではなく、男性も存分に肉体的な快感を愉しめるセックスなのです。

使い捨てのようなセックスではなく、育てていくセックスに目覚めてください。

☑「自分だけにしか見せない姿」を引き出すには

五〇人、六〇人という演奏者がマエストロの前で結束し、一つの壮大な音楽をつくり上げるオーケストラ。繊細なストリングスから始まった演奏が、最後には大きなホールを揺るがすほどのクライマックスへと駆け上がっていく。実に感動的です。

愛する男女が交わし合うセックスも、まさに「交響曲」。

男性のあなたがマエストロ。**女性のカラダに無数に散らばった性感帯は、まさに音色の違う多種多様な楽器そのもの**です。

女性が快感を表現する方法は、声を出すということ以外に、目をつむったり、吐息を漏らしたり、脚を突っ張ったり、カラダを弓のようにしならせたり、のけぞらせたりと実にさまざま。一人の人間が表現しているとは思えないほどのバリエーションで、男性をたちまちトリコにする力を持っています。繊細なストリングスから最後に鳴り響く強烈なシンバルまで、つまり淡いかすかな吐息から、野獣のような絶叫まで、本当にビックリするほど表現に幅があります。

乳首への愛撫一つとっても、先端にちょっと触れただけの「あっ」から、こねまわしたときの「あ〜〜ん」、駆け足の愛撫に反応する「ああああ！」まで。あなたの愛撫次第で、ヴァイオリンの名器・ストラディヴァリウスやピアノの名器・スタインウェイも真っ青な、官能の音色を奏《かな》でてくれるのです。

ぎゅーっとしがみつかれたときの何とも言えない、愛おしい気持ちに満たされる悦び。女性が自分の世界に没頭して、目を剥《む》いて髪を振り乱しながら官能する姿を目の当たりにしたときの感動。普段の姿からは想像できない、あなただけに見せてくれるみだらな美しさ。彼女の能力を完全に引き出してあげられた、その興奮と達成感……この愉しみ、悦びを愛する女性と分かち合うために欠かせないのが、いたわりや思いやりに根ざした愛撫方法と、みずみずしい感性なのです。

スローセックスを愉しみ合うことで、二人だけの壮大でドラマチックな交響曲を完成させられるはずです。

☑「たったひと言」で失敗する男、成功する男

私がカウンセリングした方の中に、セックスレス寸前の夫婦がいました。普段はとても仲がよいそうですが、数カ月の間、ご主人がベッドに誘っても、奥様がその気になってくれなかったと言います。そこで、ご主人には席を外してもらい、奥様だけからじっくり話を聞きました。はたして、奥様がセックスを拒否するようになった原因は、ご主人から言われた、あるひと言だったのです。

セックスの最中、感じてあえいでいる妻に「おまえ、淫乱《いんらん》だな」などと言ったとのこと。これが奥様の胸に、抜けないトゲとなって突き刺さっていたのでした。

たったそんなことで、と思うかもしれません。しかし、言葉は〝言霊《ことだま》〟ともいわれるくらいで、魂が宿《やど》り、それは相手に伝わるものです。

私はよく、性に関する〝気〟のことを「性エネルギー」と表現します。エネルギー

とは、〝動かす力〟のことですが、物を動かすだけがエネルギーではありません。人の心を動かすのもまたエネルギーです。元気を出したり、逆に元気をなくすのもエネルギー。ほめられて、やる気が出たり、けなされて、ふさぎこんだり。そこにもエネルギーが働いています。そして、男女の恋愛はまさにエネルギーの応酬です。

その中でも、**大きなエネルギーを持っているのは言葉**なのです。

おそらくご主人は、意図的に奥様を傷つけようとして、「淫乱だ」と言ったのではないのでしょう。もしかしたら、言葉攻めのつもりだったのかもしれません。しかし、それがテクニックの一つとして奥様に伝わらなかったばかりに、魂を持った言葉は、予想以上の力を持って、奥様の心を破壊してしまったのです。

何気なく言った「たったひと言」が原因で、セックスレスになってしまう例は決して少なくありません。「乳首が黒い」とか「アソコがユルイ」、「他の女はみんなイッたのに」とか「不感症なんじゃないの？」とか。

中には、ただ単に、照れ隠しのために言ってしまったということもあるでしょう。

でも、理由はどうあれ、相手の心を傷つけることに変わりはありません。どれほど親しくても、たとえ冗談でも、セックスで負の言葉はご法度《はっと》です。

〝不感症〟女性の九五%は「官能できる」

私は以前、研究を目的に〝不感症セラピー〟を実施していました。

そこにはさまざまな女性が〝不感症〟という悩みを抱えていらっしゃいました。まだセックスの経験がほとんどない女性、暴力的なセックスで身も心も傷ついた女性、何十人の男性とベッドをともにしたのに実はまったく感じていない女性などなど。

「私は不感症なのではないか?」という誰にも話せない悩みにもんもんとし、「もしそうなら、この際はっきりさせたい」と半《なか》ばあきらめつつも、最後の望みをかけていらっしゃるのです。

しかし、私がオーガズムマッサージを施すと、「カレに何をされても感じない」と泣いていた女性が、身をよじり、切なげにあえぎ声を立て、全身を痙攣させてオーガズムを迎えるのです。

「あれ？　乳首は感じないって言ってなかった？」なんて私がいじわるを言うと、「だって、感じちゃうんです……」と恥じらいながらもうれしそう。

〝不感症〟と思われている女性の九五％はまったくの正常です。ただ、男性はもちろん、当の女性も自分の性メカニズムを正しく理解できていないだけなのです。

カップルでセラピーにいらっしゃったケースも忘れられません。仲むつまじい中年のご夫婦でしたが、奥様が不感症で悲しんでいる。病院やカウンセリングセンターにも行ってみたが、「気持ちの問題だ」と言われるだけ。そこで、私の愛撫を受けて、本当に不感症かどうかを判断したいということでした。

結果、私の愛撫を受けた奥様は、その間じゅう旦那さまの手をしっかりと握りながら、愛らしい表情を快感でゆがませ、胸を繰り返し突き上げながら官能されました。「あなた……」「うん」「気持ちいいわぁ」「うん、よかったね」そう言って二人は感激のあまり涙されました。その後、このご夫婦はスローセックスを学び、以前にも増して仲むつまじく、本当の官能を愉しんでおられます。

〝不感症〟ではないかと一人で悩んでいる女性は多くいます。スローセックスでは、そのような問題を二人で解決していくこともできるのです。

性感帯を〝開花させる〟二つのテクニック

感度の良し悪しとは、性感帯に与えられた物理的刺激を、性感脳が「気持ちいい」と感じるまでに成熟しているかいないかの違いに過ぎない――いわゆる「感度」とは、性感脳の〝開花度〟のこと。繰り返し述べてきたことですが、誤解されている方も多いので、ここでもう一度詳しく解説しておきます。

性感脳の開花に最も有効なのは、性感帯の一つひとつに、微細な刺激を丹念に供給することです。

乳首が感じるというのは、乳首と性感脳の回路がつながっていることを意味します。私はこれを、「性感ルートを開く」と呼んでいますが、この作業をすべての性感帯に対して行なっていくのです。

こうすることで、無数にある性感帯が、点と点で結ばれてやがて線となり、線と線が連結されて面となり、まさしく全身性感帯になるのです。

以上を踏まえて、未開発の性感帯を開花させる方法を二つご紹介します。

一つ目は、**「二点同時愛撫法」**です。読んで字のごとく、相手の女性が既に感じる場所と、未開発の部分を同時に愛撫する方法です。

クリトリスは感じるけれど、Gスポットは感じないという女性なら、クリトリスを愛撫して感じさせながら、同時に少しずつ、Gスポットも愛撫する。この場合はGスポットへの刺激が強くなりすぎると快感として受けとめることができなくなるので、中指一本だけで軽めに行ないます。こうすることで、点と点がつながり、感じなかった部分を性感脳の回路と結ぶことができるのです。

二つ目は**「陣取りゲーム式愛撫法」**です。

たとえば乳房は感じるけど脇腹はくすぐったいという場合、既に感じる乳房への愛撫を、少しずつ少しずつ脇腹方面に拡大していくという方法です。理論は前者と同じです。陣取りゲームのように性感帯の領土を拡大していき、最後は、感じなかった部分を一気に侵略するのです。

私はこれらの方法で、何十人もの「膣不感症」の女性を開発してきました。

マッサージ用オイルで〝感じる〟悦びは倍増！

私はことあるごとに、「マッサージ用オイルはセックスの必需品」と言い続けています。〝マッサージ用オイルはカップルに一本〟ということを、日本人の常識として定着させたいからです。

たとえば、挿入のときの潤滑油の代わりに、自分の唾液を使う男性は少なくありませんが、これは最悪です。唾液はすぐに乾きますし、乾くと異臭を発します。そもそも、セックスに美しさを求める女性の観点に立てば、その行為自体、決して好ましい印象を与えません。

また、女性器のいわゆる〝濡れ〟に対する誤解もあります。一般男性の多くは、「女性は感じると濡れる」と思い込んでいますが、これなど間違いマニュアルの典型です。世の中には、感じても濡れにくい女性も数多く存在します。

そして何より、一般男性にセックスの常識として覚えてもらいたいのは、**挿入時には十分に潤っていた膣が、交接を続けているうちに乾いてくるのは、よくある当たり前のことだ**ということです。この知識を持たない男性は、途中で女性器が乾いてくると、自信をなくしたり、逆に「感度が悪い」と女性を責めたりします。こうした無知による不幸の連鎖を食い止め、女性からのＳＯＳが非常に多い、〝性交痛〟の悩みを解消してくれるのが、マッサージ用オイルなのです。

マッサージ用オイルが有効なのは、交接時に限ったことではありません。先述した、〝ふたりタッチ〟のときも大活躍します。

セックスを愉しむために、とても重要な要素は、〝感性〟です。ただ互いの肉体を媒体として性欲を貪《むさぼ》るのではなく、心に触れ合うことが、感性を磨くためのエクササイズにもなります。

マッサージ用オイルを使用した性器への相互愛撫法なら、繰り返しになりますが、〝感じる〟悦びを共有することで、心とカラダに触れ合うことができます。「イク」というゴールに突っ走るジャンクセックスでは、決して体験できない、とても深く、温かい感覚です。

いいセックスが「若々しいカラダ」をつくる！

〝癒し〟が時代のキーワードになって久しい昨今ですが、この世の中に、**セックスに勝る癒しなど存在しません。**

セックスとは本来、癒し合う行為なのです。しかし、セックスの価値観が暴落している今、癒しどころかストレスの一因にさえなっています。

さて、癒しというとすぐに温泉を思い浮かべる人もいると思いますが、実は本当に気持ちいいセックスは温泉よりも癒しの効能があります。その秘密は〝気〟です。

気を応用した身近なものに、気功やヨガがありますが、これらは瞑想《めいそう》などの方法で、気をカラダに巡らせる操作をします。これらは、健康法の一種として知られていますが、気持ちいいセックスは、そんな理屈を考えなくても、全身に気が巡るのです。それも自分の気だけではなく相手の気のパワーもプラスされて、ホルモン分泌を促進してくれるのです。気持ちよく、健康維持ができるというわけです。

ゆったりと互いの気をカラダに巡らせるスローセックスでは、自然とカラダがポカポカしてきます。本当に足のつま先までポカポカになってきます。保温効果が持続して、健康と美容に効果があり、大きな満足と幸福を得られるという意味では、スローセックスは温泉よりも効能があるということです。

一方、巷《ちまた》に氾濫するジャンクセックスでは、男性は激しく腰を動かしますから汗ビッショリになることもあるでしょう。しかし、これは単なる〝運動〟によるもの。セックスが終わっても、女性のほうは汗の一つも出てこないようなセックスでは、ニセ温泉よりも始末の悪い、裏切り行為と言えるかもしれません。

食欲が旺盛なのは健康な証ですが、性欲旺盛というのも健康のバロメーターです。

しかし現状は、セックスレス化の増加は止まらず、〝草食系男子〟まで登場してくる始末。「別にセックス以外にも愉しいことがあるし」と、セックスから遠ざかれば、男性も女性もホルモンの分泌に多大な影響を及ぼして中性化へ向かい、老化現象も加速していくことになるでしょう。

美容やアンチエイジングの観点からも、セックスと上手に付き合うことが大切です。

☑ 男が「愛する」、女性が「愛される」セックス

愛は目には見えませんが、これも〝エネルギー〟の一種です。

電気も目には見えませんが、電気の存在を信じない人はいません。部屋を明るく照らすのも、電気が流れているからです。電気は流れることによってはじめてエネルギーとしての仕事をします。

エネルギーである愛も、流れなければ仕事をしないのです。もしも今、恋人・夫婦仲がうまくいっていないとすれば、それは〝愛が停電〟しているからでしょう。

〝愛の停電〟を復旧させるには、愛というエネルギーの性質を知る必要があります。最も基本的な愛の法則が、**「愛は上から下に流れる」**です。愛は水と同じで、高い位置から低い位置へ流れるのです。

たとえばキャッチボールは、ボールを投げる側とボールを受け取る側が自分の今の

立場と役割をわかっていなければ、ボールはスムーズに行き来しません。同様に愛のエネルギーも、愛を与える側と愛を受け取る側が、それぞれ今自分がどちらの立場に立っているのかがわかっていなければ、ちゃんと流れてくれないのです。

上から下に流れる愛の図式が、最もわかりやすい人間関係は、親子の愛です。親が上、子どもが下。上下関係の落差が明確なほど、愛のエネルギーは元気にたくましく、文字通り自然に、上から下に流れるのです。

さてここからが核心部分ですが、恋人・夫婦間で愛のエネルギーが潤沢《じゅんたく》に流れるための基本が、〝男性が上で女性が下〟という明確な秩序です。最初に断っておきますが、私は男女は平等であるべきだと考えています。しかし、役割分担という観点で考えれば、男性は女性の上に位置する存在でなければならない。何かものすごく難しいことのようですが、実はとてもシンプルな話です。

それはつまり、**彼女や妻を、愛して愛して愛し抜く**ということ。

女性が求めているのは、「世界中の誰よりも私のことを愛する男性」です。女性側に〝愛されている実感〟があれば、女性は男性の前で自然にスッと一段下がってくれ、愛のエネルギーは自然と男性から女性へと流れるのです。

たまには「セックスの話」をしてみよう

「話せばわかる」という慣用句があります。これはセックスにもそのまま通じます。セックスの悩みは本当に百人百様でいろいろありますが、それでも、そのほとんどは、二人が「話せばわかる」ことです。逆に、「話さないからわからない」のです。

私の元には、ブログや公式ホームページを通じて、日々さまざまな悩み相談が寄せられます。悩みの内容こそ違いますが、その多くは、「相手は何を思っていると思いますか？　教えてください」という一文で終わります。私は、そんなメールを読むたびに思うのです。私よりも、その相手に直接聞けばすぐわかることなのに、と。

「話さない」じゃなくて「話せない」と、あなたは思うかもしれません。では、どうして「話したくても話せない」のでしょうか？　諸悪の根源は、セックスをタブー視する空気感です。

「好きな人に自分のコンプレックスを知られるのが怖い」
「まじめにセックスの話をすると変な人だと思われそう」
だから、本当は今のセックスに疑問や不満があっても、口をつぐんでしまったり、下ネタやエロ話ということにして話をはぐらかしてしまう。「話せない」理由も気持ちも理解できますし、「話せない」空気を、これまで放っておいた責任は、前時代的な性教育を含めて、私たちの世代にあると痛感します。

しかしです、日本の文化や、時代や、育った環境のせいにして、それを言い訳に、性の問題や、愛する人と真剣に向き合うことから逃げ続けていたら、本当に幸せな恋愛も、本当に幸せなセックスも、本当に幸せな結婚も手にすることなく、一度きりの人生が終わってしまうことになるのです。

男性のみなさんに知ってほしいことがあります。それは、**男性の何倍も、女性のほうが「話したくても話せない悩み」がある**という事実です。気楽に性コミュニケーションができる理想の関係づくりの第一歩は、男女どちらが先に踏み出してもいいのですが、まずは男性から勇気を振り絞って、自分の悩みやコンプレックスをカミングアウトすることです。その勇気が、女性が重い口を開く呼び水になります。

セックスでしか伝えられない「愛」もある

私は〝愛と性の研究者〟である立場上、女性に接する機会が多いのですが、どれだけ頻繁に女性の裸体を目にしても、見るたびに「なんて美しいんだ」と感動してしまいます。そして、愛する男性の手によって官能する才能に目覚め、その官能を全身で表現する姿を見るにつけ、女性とは本当に、男性から愛されるために生まれてきた生命体なのだなあと、つくづく実感するのです。

しかし、それとは反対に、恋人がいるのに愛を表現してくれない、旦那さまがいるのに長年セックスレスである、そんな悩みを抱えた女性とも多く接します。

彼女たちは、神様が与えてくださった女性としての悦びを開花できないまま、日々もんもんと過ごしているのです。そして、そうした女性たちは残念なことに、もともと備わっていたはずの輝きすらも失われ、しだいにマイナスのオーラを身にまとわされてしまうのです。

女性は〝花〟です。

毎日、お水をあげて、あたたかな太陽の光に当ててあげなければ、枯れてしまう花なのです。

愛する男性から毎日見つめられて、きれいだねとほめられて、やさしく触れられることで、美しい花を咲かせてくれる生き物なのです。男性からのいたわりや思いやり、愛情を降り注いでもらってこそ、心もカラダも満たされて、輝き出せるものなのです。

お水や太陽の光とは、プレゼントやお金のことではありません。

それは、相手を一人の大人の女性として尊重する気配りであり、ねぎらいの言葉であり、やさしい笑顔であり、そして、女性として生まれた悦びを実感できるようなセックスのことでもあります。

男女関係には、セックスでしか伝えられない愛もあるのです。

どれほど趣味が合っていようが、どれほど家族の絆で結ばれていようが、恋人や夫婦は大人の男女の関係です。女性という花をめでる気持ちを忘れてはいけません。

☑「本当の初体験ができた」と言わせる力

三〇歳を過ぎても処女（もしくは童貞）であることがコンプレックスになり、せっかくすてきな相手ができたのにセックスにまで至れない。そんな相談があるかと思えば、セックス経験のある女性はパス、処女と付き合いたいと語る男性もいます。

私は未成年者のセックスには反対です。十代後半に育てておくべき感性を育てずしてセックスになだれ込むことは、人生において失うものが多すぎるからです。

かたや、成熟した女性に対して〝処女か、非処女か〟で何かを判断する世間の風潮が、私にはどうにも理解できません。というよりも、それは問題の本質を完全に外しているように思われるのです。官能し合えるセックスを愉しみ、深い愛情を育んでいくために論じられるべきは、処女か非処女かではなくて、〝性感処女か、性感非処女か〟でしょう。

膣にペニスを挿入したことがあれば「セックスを知っている」ということにはなりません。ジャンクセックスレベルのセックスで、女性たちがたとえ「イッた」という言葉で表現しても、その快感はまだまだ底辺レベルです。そんな次元の快感で「セックスを経験している」という女性は、私から見れば、一度もセックスをしたことがない処女の女性とほとんど同じなのです。

私とのセックスを経験した女性で、「本当の初体験ができました」「これが私の第二の処女喪失です」という感想を寄せてくれる方が多くいます。今までのジャンクセックスによる「イク」なんて、「まるでおままごとだった」ことに気がつくのです。

今の日本には、男性経験はそれなりにあるにもかかわらず、女性としての本当の悦びをまったく経験したことがないという〝性感処女〟が溢れています。

男性は、相手の女性に処女膜があるかどうかとか、周りの友人より女性経験が少ないなどと瑣末《さまつ》なことを気にする前に、自分に、**女性の〝脳の処女膜〟を破るだけの技量があるかどうか**を気にしてください。

その技量もないのに、何人もの女性とセックスをしたからといって胸を張っていても、〝性感非処女〟の女性からすれば、そんな男性は童貞と何ら変わりないのです。

なぜ初心者でも「自称テクニシャン」に勝てる？

スローセックスをマスターするには、今までの間違った常識を捨てるとともに、**素直に目の前の相手の気持ちをくみ取る心**が必要です。

私が性技指導を行なう男性には、女性経験がない方が多い一方、経験豊富でテクニックにも自信があり、さらに腕を磨きたいという男性もいます。先日も、対照的な二人の男性が講習を受けに来ました。一人は今まで三〇〇人以上の女性をイカせたと豪語する、三六歳のイケメンAさん。もう一人は、外見はそこそこなのに、引っ込み思案な性格がわざわいして、三五歳にいたるまで童貞を守り続けてきたBさん。二人ともアダムタッチの講習を終え、その日はクリトリス愛撫法を学びに来ました。

イケメンAさんは数日前にアダムタッチを実践してみたらしく、その成果に意気揚《よう》揚《よう》。ただ、「では、そのあとのクリトリス愛撫ではさぞ絶叫したでしょう？」と聞くと、渋い顔をします。聞けばクリトリス愛撫を痛がって、させてくれなかったとか。彼によれば、「いるんですよ、たまにそういう、異常に敏感な女がね」とのこと。

当日の性技指導のモデルMちゃんは、クリトリスだけで何度もイッてしまう超高感度体質の持ち主。私はこの情報を伏せたまま、彼のお手並みを拝見することに……。

Aさんがクリトリスを愛撫し始めた途端、Mちゃんが「痛い！」と悲鳴をあげました。キョトンとするAさん。しかし、その後、彼の口から出た言葉は「先生、このコ、モデルに向いてないですよ。だって、異常に敏感すぎじゃないですか」。

一方、Bさんは「もう少し弱いほうがいい」というモデルさんのアドバイスを素直に聞き入れました。そして、みるみるテクニックを吸収し、数回の講習で着実に奥義《おうぎ》をマスターしてくれたのです。後日、そんなBさんからメールが届きました。

「先生、相談させてください。実は今、二人の女性に交際を迫られています。どちらもカラダの相性がよすぎて、一人にしぼれず困っているんです」

これぞまさに一発逆転。私から見れば自称テクニシャンも童貞も、どんぐりの背比べ。大差はありません。むしろ初心者のほうが、間違ったテクニックを身に付けていない分、理論さえわかれば上達が早いということも、めずらしくはないのです。

☑ 相手がうれし泣きするほどの「フルコース・セックス」

時間がないから、めんどうだからと言って、ジャンクセックスを仮に毎晩繰り返したところで、女性からすれば、ひたすら安いハンバーガーだけを食べさせられているようなもの。

二人のどちらも、ハンバーガーの存在しか知らなければ、たとえ時間があっても、同じ味のハンバーガーを三個も四個も食べるしかありません。

「空腹でいるよりマシ」と思ってくれることはあっても、**「あなたとセックスできてよかった！」とうれし泣きするほどの幸福感**は望めません。

しかし、もしあなたが高級フレンチのフルコースをごちそうするがごとく、スローセックスのフルコースをしてあげたら、彼女はどうなるでしょうか。

フルコースの存在、さまざまな快感の豊かさと奥深さ、その醍醐味を知ることで、悦びのレベルがまったく違ってきます。セックスをハンバーガー程度の味だと思っていたのが、今まで想像すらできなかった世界、体験しないとわからない本当の悦びを実感できるのです。

「そんなすごいセックスをしてしまったら、毎回、何時間もかけてフルコースをやらないと満足しなくなるんじゃないか？」などと心配する必要はありません。

フルコースの悦びを知ると〝メニュー〟が立てられるようになるからです。

たとえ短時間のセックスでも、今日は淡い快感だけを愉しみ合おうとか、昨日、アダムタッチで温めたから今夜はGスポットを、というような計画も立てられるようになるのです。

本当のスローセックスを経験しながら性感脳をしっかり開いたあとで、時折イレギュラーに即挿入を愉しむようなセックスはジャンクセックスではありません。むしろそれこそが、セックスにおけるバリエーションの豊かさであり、二人にしか立てられない、「愛と性のメニュー」です。

時間がないなりに愉しめるようになり、時間があるときは、逆に三時間のフルコースを一日コースにも延ばせるのです。

☑ 満ち足りたセックスが「大人の男女」をつくる

本来セックスとは、とても神聖で尊い行為です。崇高《すうこう》な〝愛の行為〟です。それなのに今の世の中では、どんな扱いを受けているでしょうか？

「いやらしい」「汚らわしい」「ふしだら」「エロい」「不潔」「不良」「不謹慎」などなど、セックスについて語る人をときにさげすみ、性に関する大事な悩みをタブー視し、まるで汚れ物にフタをするかのようなひどい扱われようです。

しかし、こうして私たちが存在しているのは、私たちの両親のすばらしい性欲とセックスの賜物《たまもの》。愛し合った男女が祝福を受けて結婚し、性欲があるおかげでセックスができて、結果、二人の〝愛の結晶〟である赤ちゃんを授かった。そうやって生まれてきたのが私たちです。

人間にとって〝性欲とセックス〟は、神棚に飾って手を合わせるべき存在であっても、決して公園のトイレの片隅に追いやるべきものではないはずです。

学校教育でも、いまだに杓子定規《しゃくしじょうぎ》で中途半端な性教育が繰り返されています。エイズや感染症の恐怖を訴え、堕胎《だたい》による女性のカラダへの悪影響だけを連呼します。だから避妊をしましょう、という。そのこと自体に異議はありません。

しかし、愛し合う男女がセックスをする尊さ、ときめき、幸福などを語る前に、セックスの恐怖を植え付ける教育が功を奏すとは、私には思えません。反対に、「セックスは汚い行為」「陰で隠れてする行為」といった誤った偏見が、結果的に子どもたちの心とカラダを傷つけることにつながってはいないでしょうか。

子どもたちにセックステクニックを教えようと言っているのではありません。**愛し合う男女が満ち足りたセックスをすることが、どれほどの幸福をもたらすか。**そのすばらしさ、崇高さを説き、偽物ではない本当の〝あこがれ〟をまずは持ってもらいたいのです。幸せになるためにセックスをするのだと。そして、そのために必要な一〇代のみずみずしい感性を育ててやる。

それが性犯罪に走ることなく、自分の性を冷静に受けとめる知性を育て、異性のことも真摯《しんし》に考えられる、成熟した大人になるための栄養分になると信じています。

スローセックスの定義

セックスは神様からの最高のプレゼントであり、
崇高で尊厳ある行為。
それを実践するのがスローセックス。

愛と性エネルギーを交流させ、
人生に悦びと幸福をもたらすのがスローセックス。

セックスは愛し合う者同士の究極の愛情表現。
豊かな感性を育み感受性を育てるのがスローセックス。

最高のエクスタシーを体感し、
最高の悦びを共有し合うのがスローセックス。

感じているふり、イッたふりなど一切しなくてもよい、
ただ快感に酔いしれる行為がスローセックス。

イクことは結果である。
イクことイカせることを目的とせず、
セックスの行為そのものを
時間を忘れて満喫するのがスローセックス。

正しい性知識を学び、
そのテクニックをマスターすることで
誰もが実践できるのがスローセックス。

本書は、小社より刊行した文庫本を再編集のうえ、再文庫化したものです。

最高《さいこう》の快感《かいかん》に達《たつ》する
「スローセックス」の教《きよう》科《か》書《しよ》

著者　アダム徳永（あだむ・とくなが）
発行者　押鐘太陽
発行所　株式会社三笠書房
〒102-0072 東京都千代田区飯田橋3-3-1
電話　03-5226-5734（営業部）03-5226-5731（編集部）
http://www.mikasashobo.co.jp
印刷　誠宏印刷
製本　ナショナル製本

 ISBN978-4-8379-6889-4 C0130

＊落丁・乱丁本は当社営業部宛にお送りください。お取替えいたします。
＊定価・発行日はカバーに表示してあります。

王様文庫

王様文庫

時間を忘れるほど面白い人間心理のふしぎがわかる本

清田予紀

なぜ私たちは「隅の席」に座りたがるのか――あの顔、その行動、この言葉に〝ホンネ〟があらわれる！　◎「握手」をするだけで、相手がここまでわかる◎よく人に道を尋ねられる人の特徴◎いわゆる「ツンデレ」がモテる理由……「深層心理」が見えてくる本！

空間心理カウンセラーの「いいこと」が次々起こる片づけの法則

伊藤勇司

「心」と「部屋」には不思議なつながりがあります！　空間を整えて、人生を「開運」に導くコツが満載！　◎「きれいにしても、すぐ散らかる」の解決法　◎なぜ「最初に手をつけるべき」は玄関なのか　◎「床磨き」の気持ちよさがもたらす効果……この〝快感〟をあなたにも！

アドラー流　人をHappyにする話し方

岩井俊憲

「アドラー心理学」で話すと、もっといい関係に！　◎「わかってほしい」ときの4つの言い方◎使うと「運」まで良くなる言葉　◎気まずくならない断り方　◎感謝の気持ちを〝具体的に〟表わす　◎人を勇気づける話し方……相手と「気持ちが通じ合う言葉」実例集！

K30475